CHINA S|ONE

华夏基石
管理评论

源于本土实践的管理思想原创基地

华夏基石管理咨询集团　主编

第六十一辑

官方微信

中国财富出版社有限公司

图书在版编目（CIP）数据

华夏基石管理评论 . 第六十一辑 / 华夏基石管理咨询集团主编 . — 北京：中国财富出版社有限公司，2022.4

ISBN 978-7-5047-7685-3

Ⅰ . ①华… Ⅱ . ①华… Ⅲ . ①企业管理 Ⅳ . ① F272

中国版本图书馆 CIP 数据核字 (2022) 第 058710 号

策划编辑	李 晗	责任编辑 邢有涛 李 晗	版权编辑	李 洋
责任印制	梁 凡	责任校对 杨小静	责任发行	黄旭亮

出版发行	中国财富出版社有限公司		
社 址	北京市丰台区南四环西路 188 号 5 区 20 楼	邮政编码	100070
电 话	010-52227588 转 2098（发行部）	010-52227588 转 321（总编室）	
	010-52227566（24 小时读者服务）	010-52227588 转 305（质检部）	
网 址	http://www.cfpress.com.cn	排 版	《华夏基石管理评论》编辑部
经 销	新华书店	印 刷	北京柏力行彩印有限公司
书 号	ISBN 978-7-5047-7685-3/F·3415		
开 本	889mm×1194mm 1/16	版 次	2022 年 4 月第 1 版
印 张	10.25	印 次	2022 年 4 月第 1 次印刷
字 数	137 千字	定 价	88.00 元

CHINA STONE 华夏基石 管理评论
——从方法论到行动力——

2022年第二辑 总第六十一辑

总编辑　　　　**学术顾问团队**（按姓氏笔画排序）

彭剑锋　　　　文跃然　包 政　孙健敏　杨 杜　杨伟国
　　　　　　　吴春波　张 维　施 炜　黄卫伟

执行总编 尚艳玲　　　**版式设计** **罗 丹**

专家作者团队（按姓氏笔画排序）

王祥伍　王智敏　邢 雷　全怀周　孙 波　孙建恒　李志华
杨德民　何 屹　宋杼宸　张小峰　张文锋　张百舸　陈 明
苗兆光　罗 辑　朋 震　单 敏　荆小娟　饶 征　夏惊鸣
高正贤　郭 伟　郭 星　黄健江　彭剑锋　程绍珊

主办

北京华夏基石企业管理咨询有限公司
China Stone Management Consulting Ltd.

网　　址：www.chnstone.com.cn
地　　址：中国北京市海淀区海淀大街8号中钢国际广场六层（100080）

咨询与合作：010-62557029　　　010-82659965转817
内容交流、转载及合作联系主编：13611264887（微信同）

壹

　　能否从中国传统文化和中国企业成功实践中总结出一套管理理论或管理模式？中国式管理智慧和中国式管理是一回事吗？特定的政治文化背景、区域背景是不是影响管理模式的要素？……在主张探索"C理论""中国企业成功模式"等热潮下，《华夏基石管理评论》组织专家开了一场"辩论赛"，我们的结论可简单归结为一句话：中国企业最佳实践有待大力深入挖掘、提炼，构建中国式管理理论条件尚不成熟。（见第2页）

贰

　　从个人成功到组织的持续成功，当代企业家在个人修养上，如何从追求"富"到追求"贵"和"雅"？在角色定位上，如何从"企业家的企业"到"企业的企业家"？如何进行领导力变革，打造超强组织能力？又如何构建个性、能力互补的"胜利之师"？彭剑锋教授提出了一系列真知灼见。（见第30页）

　　建组织是一个系统工程，关键在于思考清楚三大命题，厘清三大基本机制及背后的难题，并重在五个方面用力。苗兆光老师以华为实践为例，详解如何把能力建在组织上。（见第49页）

　　一个企业要想发展壮大，新业务、新的增长极或新赛道的成功开辟确实是企业必须跨过的一道坎，甚至是一道需要"跃迁式跨越"的鸿沟。新业务如何避免总在"交大（交了大笔学费）毕不了业"的窘境？陈明老师贡献了新业务取得成功的"八条原则"。（见第64页）

STONE

叁

有人说，在数字化时代，不推进企业数智化转型相当于"等死"，没想清楚就跟风与冒进是"找死"。于是，很多企业家在"等死"与"找死"之间纠结。企业家解开纠结的关键，是想明白自己在企业数智化转型中的角色并形成与之匹配的思维模式。本次"聚焦"栏目邀请前IBM数字化转型专家欧阳杰，首次从一把手视角详谈企业的数智化转型，具有极高的"指南式"参考价值。（见第78页）

数据是企业的新战略资产，数字化时代企业要挖掘数字的商业潜力，也要守住数字收集与使用的道德边界，数字向善、科技向善才是大道。（见第94页）

肆

如果说过去我国中小企业在经济发展浪潮中是"摸着石头过河"，那么在社会主义经济新时代，中小企业有了清晰的方向，那就是"专精特新"发展之路。尤其在制造业领域，一些中小企业已然走出了一条专精特新发展之路，他们的成功实践值得提炼总结，我国专精特新企业发展正当时！（见第110页）

伍

"处理好政府与市场的关系是做好企业服务的逻辑起点和基本准则"，深圳市福田区企业发展服务中心在10年的企业发展服务探索中，厘清了政府、市场和企业三者之间的关系，打通了过去政府在服务企业的过程的一些"梗阻"，找到了政府服务企业容易落入表面化的深层次原因，以"SE=2RC"的企业服务模型与1236操作系统，将政府服务企业发展的职能与使命责任落到实处，切实提高政府服务的效能与价值。（见第130页）

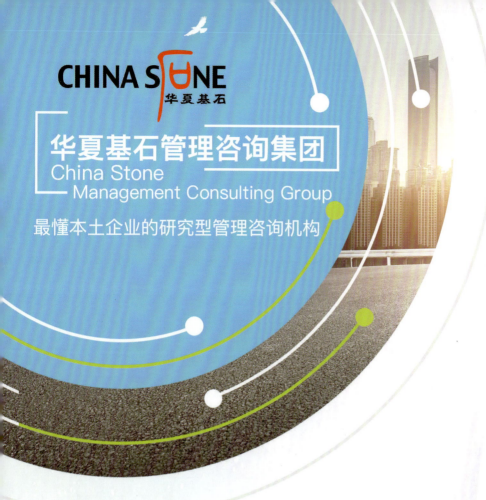

CHINA STONE
华夏基石

华夏基石管理咨询集团
China Stone
Management Consulting Group

最懂本土企业的研究型管理咨询机构

创始人：彭剑锋

中国人民大学劳动人事学院
教授、博士生导师
华夏基石集团董事长

由中国本土管理咨询业开拓者之一、华为"人大六君子"之一、著名管理咨询专家**彭剑锋**创办。

会聚了近**500位**毕业自国内外知名学府，既具有扎实的专业理论功底，又有丰富实践操作经验的资深顾问。

由50多位知名教授学者、中青年专家组成的**智库团队**。

中国企业联合会管理咨询委员会副主任单位；2015—2017年连续三年入选"中国管理咨询机构50大"名单，并蝉联第一；先后荣获"人才发展服务杰出供应商""最具满意度的综合性服务机构""客户信任的管理咨询机构""中国咨询业十大领导品牌"等**多项荣誉称号**。

管理构筑基石 咨询智启未来

华夏基石基于本土企业标杆案例的
八大经典咨询模块

顶层设计与企业文化建设

01.企业文化诊断
02.企业家思想提炼、管理、应用
03.企业文化大纲（企业文化表达系统）
04.价值观评价标准
05.基于价值观的干部人才体系建设方案
06.企业文化释义集（企业文化释义词典）
07.企业文化案例集
......

企业战略与成长管理

01.企业的成长阶段界定与经营问题研究诊断报告
02.行业发展与产业分析研究报告
03.企业的战略规划
04.企业产品创新与新业务发展规划
05.企业商业模式创新与行业案例的对标研究
06.资本运作与产业收购兼并策略与方案设计
07.企业成长问题与成长瓶颈诊断分析报告
......

企业变革与组织能力建设

01.基于战略的组织变革方案设计
02.平台化+分布式的组织模式设计
03.基于价值创造的集团管控模式的选择与设计
04.组织结构设计方案
05.企业决策机制与授权体系设计
06.组织责、权、利、能、廉机制设计
07.团队智慧的打造与轮值CEO制度设计
......

战略人力资源体系建设与人力资源机制创新

01.基于战略的人才系统设计方案
02.基于能力的人力资源管理体系设计
03.基于战略的绩效与薪酬激励体系设计
04.员工职业通道与任职资格体系设计
05.企业的职位体系与职位管理设计
06.KPI与平衡计分卡的应用设计
07.OKR设计与应用工作坊
......

事业合伙机制与产业生态构建

01.事业合伙机制顶层结构设计
02.命运共同体（一级合伙人）事业合伙机制构建方案
03.事业共同体（二级合伙人）事业合伙机制构建方案
04.利益共同体（三级合伙人）事业合伙机制构建方案
05.产业链属地事业合伙人模式设计
06.供应商事业合伙人模式设计
07.渠道事业合伙人模式设计
......

集团管控

01.集团战略转型与系统变革方案
02.优化高效的、分层分类的集团化公司治理体系设计
03.集团领导体制与决策机制设计
04.集团管控模式选择与混合式管控模式设计
05.总部专业职能的角色定位、专业能力建设与价值创造方式
......

营销创新

01.营销诊断及模式设计
02.1+N全渠道模式升级
03.精准化营销策略
04.品牌IP化设计
05."顾客经营"营销模式导入
06.营销组织平台升级
07.营销队伍建设
......

阿米巴经营:平台赋能型自主经营体

01.《阿米巴经营深度调研分析报告》
02.《阿米巴经营组织划分报告》
03.《阿米巴经营组织运行规则手册》
04.《巴长竞聘机制》
05.《巴长工程》
06.《阿米巴经营分权表》
07.《阿米巴经营核算科目表》
......

电话：400-0079-000　010-82659965（总机）
官方网站：http://www.chnstone.com.cn

目录
CONTENTS

专题

"中国式管理"是一个伪命题吗 P2

洞见

中国企业家的时代新使命：
从个人成功到组织的持续成功 *彭剑锋* P30

聚焦

特稿

视野

专题

CHINA STONE▶▶

　　文化输出一定是有载体的，管理就是一种载体。如果中国式的管理真正创造了绩效，并且这个绩效被世界所吸收，其实就是文化输出。

——苗兆光

"中国式管理" 是一个伪命题吗

能否从中国传统文化和中国企业成功实践中总结出一套管理理论或管理模式？中国式管理智慧和中国式管理是一回事吗？特定的政治文化背景、区域背景是不是影响管理模式的要素？

华夏基石3+1论坛第37期活动

研讨嘉宾

彭剑锋 华夏基石管理咨询集团董事长，中国人民大学劳动人事学院教授、博士生导师

孙 波 中国劳动关系学院副教授，华夏基石集团高级合伙人

苗兆光 华夏基石双子星管理咨询公司联合创始人、联席CEO，训战结合咨询专家

夏惊鸣 华夏基石双子星管理咨询公司联合创始人、联席CEO，训战结合咨询专家

策划/主持/文字

尚艳玲 《华夏基石管理评论》执行总编，企业文化案例研究及著作咨询顾问

关于"中国式管理"我们开了个辩论赛

尚艳玲：今天是第 37 期华夏基石"3+1 论坛"活动，正值新年，我们的讨论形式也活泼一些，今天想请几位老师充当辩手，辩上一辩。我们的辩题是什么呢？

关于"中国式管理"这个话题，一直是个有争议的话题——它是指一套具有中国特色的管理方式方法，还是构建一套有别于西方管理学的中国式管理理论？概念上还有很多待厘清之处，但在现实中我们看到，主张构建中国式管理理论及管理体系的努力和热情也始终不衰，每隔一段时间会有人提出来。

我梳理了一下资料，发现主张构建中国式管理理论体系或者认为可以提出"中国式管理模式"者，所主张的原因大致有三个：第一，主张基于中国传统文化和中国人的文化心理基础构建中国式管理；第二，认为在中国特色市场经济和中国社会文化土壤中成长起来的一批优秀中国企业，在实践中已走出了一条不同于西方标杆企业的成长路径，有着自己的管理特色，应该加以研究和提炼总结，总结出一套理论；第三，中国企业家中的一些优秀经营实践者，确实具有"中学为体，西学为用"的色彩，虽然他们自己很少谈及"模式""理论"等词汇，但他们普遍在管理的"道"的层面信奉中国传统文化智慧，以及中国共产党在领导中国解放战争中积累下来的思想与经验。在"法""术"的层面相信源于西方的现代企业管理制度和方法工具。

华夏基石作为一家研究型咨询公司，尤其是彭剑锋老师可以说见证了改革开放后中国民营企业的成长发展史，我们有些什么样的思考？能否从中国传统文化和中国企业成功实践中总结出一套管理理论或管理模式？中国式管理智慧和中国式管理是一回事吗？特定的政治文化背景、区域背景是不是影响管理模式的要素？这些命题目前没有答案，为了聚焦问题，便于集中讨论，我们提出一个辩题："构建中国式管理理论"是一个伪命题吗？

这个题目其实是源自我与夏老师的一次交流，所以夏老师请您先开题并主持辩论。

夏惊鸣：好，那我先亮明我的观点：中国式管理是一个伪命题。苗老师你是什么观点？

苗兆光：我认为不是伪命题。

孙波：我们要谈"中国式管理"还是谈"中国式管理理论"，这是有差异的。

如果说是谈"中国式管理理论"的话，不管什么理论都要回归到一般原理；如果谈"中国式管理"，这谈的是实践逻辑，一般原理和实践逻辑有差异。从实践逻辑来说，一定是有中国式管理的，因为环境不一样，文化不一样。但从一般原理来说它是不是中国式管理理论？

夏惊鸣：就是谈"中国式管理理论"或者是"中国式管理模式"。

孙波：那我的观点是："中国式管理理论"就是一个伪命题。

尚艳玲：辩论就是要观点鲜明，彭老师，您的观点是什么？

彭剑锋：我认为：既是又不是。

夏惊鸣：好，这是两类观点，一类说"是"，一类说"不是"。

尚艳玲：三类观点，还有个"既是又不是"。

苗兆光：我得跟夏老师的观点相反，否则这个事就没意思了。

夏惊鸣：好，那我谈两个观点。第一个观点，无论是"中国式管理理论"还是"中国式管理模式"，都是伪命题。第二个观点，凡是认为有"中国式管理理论"或者是"中国式管理模式"基本上都是骗子，都是"割韭菜"的。

尚艳玲：那就请各位老师进入"主题发言"环节，阐释自己的观点。

▶ 主题发言

我为什么说"构建中国式管理理论"是一个伪命题

夏惊鸣

从中国企业的管理实践中目前还不能够形成一套具有普适性和可复制性的中国特色管理理论体系。真正有中国特色的是思想建设，即企业文化建设。

我为什么说构建"中国式管理理论"是一个伪命题？

第一，从理论方面来看，管理规律基本上是不变的。

这里讲一个"题外话"，中国很多人有一个缺点或者说劣根性，就是总相信有什么"模式"可以一劳永逸，有什么"神招"可以走点捷径，而不是回归到基本面思考问题，踏踏实实做一些基础的、正确的事情。这种急功近利的心态，被不少"割韭菜"的骗子所利用，就是忽悠。

这段时间因为团队要增加人手，我就在思考一个问题：做管理咨询需不需要天才？是不是要像一些大企业那样，去北大、清华挖一流人才？我想来想去，认为不需要。

技术创新方面可能需要天才，华为、腾讯、阿里，这些企业所在的行业领域要求不断创新、不断迭代。一个技术（主要是应用方面的）可能今天领先，明天就落后，或者被颠覆，所以需要天才人物持续创新。

但管理不是这样，管理是按照真规律、按照正确的做法坚持做下去，恰恰不需要那么多创新。管理规律基本上是不变的，至少在目前这个可预见的时代，不发生像世界大战那样天翻地覆的巨变，管理都不需要乱创新。

很多时候企业的管理做得不好，不是因为创新不足，而是没有真正遵循规律，没有遵照科学的做法。当然也不是说完全不能创新，这个创新应该是对真规律的发现，规律需要不断发现，而不是发明创造出来的。

我常跟我的团队讲，大家要有信心，真正去研究成功企业的实践，真正去研究企业管理的基本理论与规律，踏踏实实把这个规律弄懂、做透，这些基本理论与规律是可以复制的。做管理咨询不需要天才，但需要聪明人；如果不聪明，理解力不行，也不行。只要有一定的悟性，认认真真、踏踏实实去发现企业管理的真规律，把一些科学的做法落实到位、做好，就可以复制到别的企业去。这才是我们咨询人的责任，也是企业管理咨询这个行业的本质。

从这个角度来讲，没有所谓的"中国管理新理论""中国管理新模式"，至少现在来讲还不存在。

第二，从实践层面来看，中国企业还没能形成一个新的可让全球复制、为其他国家的企业赋能的管理体系。

为什么这么说，我们思考这样一个问题：中国有哪些企业取得了全球公认的成功？华为、阿里、腾讯等一批登上了全球500 强榜单的企业，可以说是取得了国际公认的商业成功，那你再去仔细研究一下这些企业的成功实践，他们颠覆了全球商业院校讲授的共通的一套管理理论体系吗？他们与那些成功的跨国企业的管理有什么本质性的不同吗？

实践肯定会各有特点，但理论和模式一定是一个闭环的体系，一定是有普适性的。如果不成体系、没有普适性，那就不能轻易称为"理论"和"模式"。比如戴明的 PDCA 循环管理模式运用到日本企业实践，促进了日本企业的飞跃式发展，理论和模式要有这个作用。

华为的管理体系与 GE、IBM、思科等比较，肯定有不一样的特点，但在底层规律上有没有什么不同？从大的方面来看有什么不一样？我个人认为差不多都一样，没有什么本质的不同。比如在绩效管理、薪酬管理上，华为在分配上有特色，那是为了解决具体问题，为了刺激持续

> 在中国企业的管理探索中，我个人认为真正有特点，也有复制和借鉴价值的就是《华为基本法》。

奋斗的一个手段，本质上运用的还是激励理论，所用的方法工具也是一样的。

唯独《华为基本法》是真正有特点的管理创举。在中国企业的管理探索中，我个人认为真正有特点，也有复制和借鉴价值的就是《华为基本法》。西方企业也好，日本企业也好，似乎都还没有企业基本法这一类的文件。虽然类似的有如稻盛和夫提出的"京瓷 12 条经营法则"，但这个更抽象，不像《华为基本法》那般具体，成了一个企业经营管理的原则体系和行动纲领。

为什么《华为基本法》能成为原则体系？这与中国企业所处的文化背景，以及面临的管理现实有关系。我国企业现代化历程总体来说较短，企业平均存续时间不长，管理基础普遍还比较薄弱，在管理理念、价值观念方面仍然处于一个摸索实践

的过程。就是说，还没有一套共识度非常高、相对完整的理念体系，所以出现"谁都可以说一套理论"的现象，管理理念混乱、基础薄弱，所以要通过《华为基本法》管理干部、教育干部，提升干部的管理素质，统一管理语言。《华为基本法》解决的就是这样一个现实命题，当然它的成功源于对企业持续成功的系统思考与人力资源的顶层设计。《华为基本法》的推广和复制工作华夏基石也做了这么多年，依据我们的实践确实对中国企业有很大的帮助。

所以回过头再说我的理由，从实践来讲，中国的成功企业、成熟企业和国外企业有很不一样的地方吗？我认为没有。从中国企业的管理实践中目前还不能够形成一套具有普适性和可复制性的中国特色管理理论体系。

真正有中国特色的是思想建设，即企业文化建设。刚才主持人也说到了"红色管理"，即来自中国共产党的革命实践的智慧。中国共产党是非常优秀的组织，如果看作一个"大公司"，治国理政结构与公司治理结构类似——股东大会好比人民代表大会，董事会好比政治局常委会，国务委员好比经营班子，企业是绩效导向，我们国家是以经济建设为中心，**中国共产党的成功实践中最富特色的是思想建设工作，是思想统一，类比到企业，就是企业文化建设。**

但企业文化建设背后的原理、套路也是一样的，比如不管怎样变化表达方式，企业文化的核心都是要指向绩效、凝聚组织，体现员工工作成就。

管理的真规律就一套，不要盲目求新求变

事实上，企业管理理论界和实践界这几十年来并没有划时代的新发现、新创造。一些所谓的"新理念""新做法"，要不然是换了个说法，换汤不换药；要不然是企业在不同时期找到的一些解决现实问题的"招儿"，可能阶段性地奏效了，但

这些都不能叫"新理论",也不能叫"新模式"。

比如,现在有很多种关于合伙人的提法,背后的激励理念、设计原则都是一样的,没什么新鲜的。但也有一样好处:"合伙人"可作为一种文化符号,就是通过合伙人制,在文化上确认你是"自己人";还可以用这个文化符号把背后的一套核心价值体系拎出来、串起来。至于在行动上,原来该怎么干,合伙后还怎么干。

不管是讲这些企业的"招儿",还是讲传统文化中的儒释道,还是讲中国共产党的成功实践,都是在用不同的语言体系、不同的案例讲企业组织成功的基本原理、基本规律。当然,有时候,在不同的管理语境下,需要不同的语言体系。比如,国有国资企业对于红色管理智慧可能就更有文化上的贴近性。

但不管是那种管理语境,成功实践背后的道理是一样的——把真规律落实到位了。

为什么我们总是讲华为?就是因为华为把管理真规律落实到位了,而很多企业出问题,都是没有按照规律做,或者没有坚持做好、做透。

比如,企业都做绩效评价,为什么效果差异巨大?绩效评价背后的规律又是什么?做绩效评价要遵循的第一个规律是:想清楚怎么打仗,怎么才能打赢。这个想不明白的话,评价指标就会弄错,指标弄错了,相当于指挥棒走偏了,自然不可能导向成功。绩效评价要遵循的第二个规律是把人大致评价区分出来,比如在华为,通过绩效评价,提出"前面的占20%,后面的占10%,中间占70%"这样的划分,分层分类管理。可是很多企业走偏了,把区分变成了打分,这个人打96分,那个人打98分,把评价区分变成了对个体的精确衡量,这就是做错了。绩效评价要遵循的第三个规律是通过评价、区分,发现"将军",培养人才。

所以绩效评价要抓住"真规律",那就是紧紧扣住三项任务:

一是把战略责任落地，二是发现将军，三是培养将军。这才是绩效管理的真规律，华为的价值管理之所以成功，就是把握住了这套真规律。

我一直在讲"华为可复制"，一直在提醒大家不要去复制华为的管理风格、华为在解决不同问题时的具体招数，而是要学习它那些招数背后所遵循的底层规律。学习真规律，不一定能做好企业，如果只学习别人的那些"招儿"，总相信有一个什么"神招"，就一定做不好。

做个小结，我认为要明确以下几个概念。

一是中国式管理反映了中国文化、中国人群特点所体现出来的一种普遍风格，但如果要上升到理论层面，它就变得狭隘了。**换句话说，中国人写的管理理论，不一定就是中国式管理理论。**

二是中国式管理模式可能是存在的，但面对现阶段企业管理领域思想比较分散、语言不太统一、管理基础薄弱的情况，这种模式只有一种可能，就是通过纲领性的顶层设计的方式去完成系统思考，去做好团队建设，去指导体系建设。不过这也只是一个小模式，算不上大模式。除此之外，其他的模式还没看到。

三是即便谈中国式管理风格，那其实也是因人而异、因企业而异，一个企业家一种风格，一个企业一种风格。🔟

"中国式管理"是存在的，有待构成理论

苗兆光

> 构建"中国式管理理论"的基本前提是存在的，只是有边界。

构建"中国式管理理论"，我认为不是伪命题。伪命题有两个含义：第一，这个命题是假的，根本就不存在。比如能量是守恒的，你想创造一种能量，这个命题就是假的；第二，这个问题没有意义，无法断定其真假，这也是伪命题。比如说"真规律只有一套"这个观点，如果这一套真规律你还没有发现，不知道是什么，或者正在发现的过程中，它就没有价值。

具体到构建"中国式管理理论"这个命题，要讨论的点非常多，我们先廓清一个概念，即中国式管理是否存在？然后再看如何构建这个理论。

我们知道，国家制定法律时，要遵循两个基本规律。一是自然法，就是遵循外部客观规律，任何一个社会、任何一个国家，都必须遵循客观规律，否则就会受到惩

罚，比如"物竞天择，适者生存"，无论是资本主义社会还是社会主义社会，都不能违反这个规律。二是人定法，就是可以由人去定义的，遵循的是历史的惯例，约定俗成，文化传统等，比如新加坡的鞭刑。

这在管理中也适用，即管理既遵行"自然法"，也遵行"人定法"。

管理有客观性、规律性，但它有一个发现过程

管理的一面是客观性、规律性，要实现一个目标，完成一个任务，总希望能找到最近的方式、最快的方式；最经济可靠的方式。在这方面，世界各地的企业都是相似的，不同的企业走着走着，组织结构就相似了、业务流程就相似了。在同一个行业做同一件事情，要想让流程最短、最可靠，终极方式只有一种，你要拼到最后，走在别人前面就必须用最优的方式；而只要时间足够，活得够久，大家就会趋同，这就是遵循客观规律。

从这个层面来讲，没有特殊性。**你做了创新，发展成了客观规律，就不能说是哪国的，也不能说是哪个企业的，它是人类的，是全世界的。**比如丰田生产方式是在福特大规模生产方式的基础上，结合日本国情创造的，丰田生产方式一经问世，就是全世界的，所有汽车企业都在学。有一天我去大众 4S 店，发现店里挂了一个横幅"深入贯彻丰田生产方式"，还以为我走错了店门。再如大前研一提出了著名的"战略三角形"，作为一种有效的战略分级方法，这也是世界的。在这个意义上，没有中国式管理，规律就是规律，都必须遵循。

但是，对于科学规律，有一个发现和认识的过程，不是一开始就有的。管理学到目前为止，只有 100 多年历史，

作为一个学科，没发现的规律还有太多，它还不够成熟。100 多年来，随着认识的提高，不断有新的东西出现，比如当企业、个人不知道如何分析战略的时候，波特提出了"五力模型"，大家发现这么做更有效，更彻底，于是成了规律；克里斯滕森提出破坏性创新理论之前，大家都不知道创新还可以这么搞，企业还可以这样思考规划未来的业务，以防止别人颠覆。波特的理论是 20 世纪 70 年代提出的，克里斯滕森的理论是 20 世纪 90 年代提出的，这就是认识规律、发现规律的过程。

现在，科学技术的进步，让规律、模式有了更多的改进空间，但仍然需要进一步的探索。比如数字化带来的管理上的巨大进步，在数字化之前，人们只能衡量结果，对于过程的衡量是有限的，有了数字化，衡量过程就很容易；以前做标准化，可以把企业做到较大规模，但人与人之间的关系很难管理，但有了数字化技术就可以进行管理。

> 客观规律有一个发展过程，我们对客观规律也有一个认识过程，这是无止境的。

很关键的是，任何一个管理理论的提出，必须有实践作为载体，这是要件。一个理论没有实践，就不能称之为理论，尤其对于管理来说更是这样。

归纳起来，客观规律有一个发展过程，我们对客观规律也有一个认识过程，这是无止境的。因此，"真规律只有一套"这个说法是个伪命题。世界上不存在一套摆在那不变的理论，所谓的"这一套"一直在更新，在做这套理论的时候就得不断更新、不断发现，寻找新的理论。比如过去从北京到上海，坐绿皮车是最快捷的，但今天有了高铁，明天可能又会出现一种新的交通方式，出现一条新路线，这叫科学性，是发展的科学。

基于情境和文化背景的管理可以上升为一般规律

管理中也有人定性和情境性，在客观规律之外有它的余地。这跟特定的文化传统有关，**特定的信仰约束，特定的资源禀赋约束，特定的制度环境，都会造成企业不同的管理。**

比如信仰约束。西方有一种"罪感文化"，认为犯了错，上帝知道，因而西方是靠宗教的约束建立职业文化，强调契约；东方是"耻感文化"，干了坏事，只要别人不知道，就相当于没干，所以东方是通过人际关系约束建立职业文化，如果不约束人的关系，职业文化是没办法保证的。从这个意义上来讲，当年日本导入西方管理理论的时候，就有了终身雇佣制，就是让员工长期生存于这个生态中，通过这个生态来约束个人的职业性，进而提出了企业家族的概念。这是日本文化独有的方式，让西方人推行终身雇佣制还真不行。

比如资源禀赋约束。日本资源匮乏，精益管理是国民骨子里的思想，很普及，他们生活中充满了"精益"，房子盖不大，车也不开大的，这就是为什么精益管理产生会出现在丰田；相比之下，在中国找"精益"的概念就很难，而在资源同样贫乏的国家如以色列，产生的就不是精益管理思想，而是向创新要效益，立国靠创新，在资源之外从知识上、从其他领域挖掘效益，所以管理创新就很牛。

再如特定的制度环境。中国每个国企都有党组织，现在很多民营企业也都建立了党组织，这就是特定的制度环境，有了党组织，企业就需要进行特殊的探索，让党组织功能在企业里发挥作用。

在人定性、情境性方面，每个文化场都具有特殊性，不仅仅是国家与国家之间，甚至地区与地区之间，东部和西部之间，一线城市、二线城市、三四线城市之间都会不同。比如在北京、深圳做企业咨询项目，跟在一个县里做完全不同，大城市是开放的，资源获得便利，企业与员工的关系契约性强，而一个县里可能就一两家有规模的企业，企业与员工之间的关系其实就是终身雇佣的关系，社交圈也是封闭的，所以在这两个场景下做管理是不同的。进一步说，两个企业之间也有不同的历史传统，乃至每个企业都有自己特定性的东西，因而"中国式管理"是可以讨论的。

一方面，基于情境的关系，要研究情境下的要素。但另一方面，我们又会发现基于情境化的管理，基于文化背景下的管理，研究到一定程度可以上升为一般规律。比如"丰田生产方式"，本来是丰田在日本这样一个市场规模不够大的情境下创造的，但是一旦遇到世界范围的经济危机，发现这种方式对全世界都有效，就上升为世界级的理论；比如"麦肯锡 7S 模型"，就是来源于日式管理要素的启发，把西方人所重视的战略、组织、结构、制度这些硬的要素，与东方人关注人、文化这些软的要素相结合。"丰田生产方式"和"麦肯锡 7S 模型"产生的本质都是把特定情境下的管理上升为全世界的共同遵循；再如威廉·大内提出的"Z 理论"，是对西方既有的"X理论""Y 理论"的补充，也是受到了日本企业的启发，这种特定的输出是有价值的。

其实文化输出不能简单理解为输出文化，文化输出一定是有载体的，管理就是一种载体。就像前面提到的丰田生产方式、"7S 模型""Z 理论"，被全世界企业学习的时候，本质上就是日式文化的输出。如果中国式的管理真正创造了绩效，并且这个绩效被世界所吸收，其实就是文化输出。这样看的话，"中国式管理理论"是有场景的，在特定场景下，能够提炼出一般模式。

总的说就是，构建"中国式管理理论"的基本前提是存在的，只是有边界。

管理归根到底是实践，
实践是理论活的灵魂

彭剑锋

> 管理既是一门科学，又是一门艺术，是融为一体的；管理既是理论又是实践，但是我更承认管理是一种实践。

构建"中国式管理理论"是一个伪命题吗？既是又不是。世界上的事本来就没有是与不是，是与不是其实是一体两面，只是站在不同的角度、不同的立场，才会出现是与不是。

管理是一门科学，又是一门艺术

假如我们承认管理既是一门科学，又是一门艺术，是科学和艺术的有机结合。那么，站在科学的角度来讲，这个问题就是一个伪命题。科学是什么？科学就是求真，科学就是规律，科学就是常识，科学就是可复制，基于事实和数据客观存在的就是科学。作为一种客观存在的科学的管理规律，没有所谓的"中国式""美国式"之说。一门科学，不管中国人用还是美国人用都是一样的，都是统一的规律、统一的常识、统一的客观存在，都要产生一定的价值和效果，价值和效果应该是统一的，否则就不叫科学。

站在艺术的角度来讲，艺术跟什么有关系？跟人有关系，跟文化有关系，跟情境有关系。艺术离不开人的个性，离不开人的生长环境，离不开文化和情境。中国人底层的价值信仰跟欧美国家就是不一样，思维方式也不一样。西方人信奉上帝，他们的信仰在本质上也不是科学；中国人不相信上帝，而是信仰"天地人合而为一"、信仰自然，这个"自然"，又很难说不是科学。这就是文化的作用，西方形成的是"契约文化"，你要相信它；而包括中国、日本在内的大东亚文化是"耻文化"，你要知道差耻，就是别人怎么看我。中国人跟西方人的思维方式也不一样，西方是二元对立思维，我们是整体思维、系统思维。从这个角度上来说，中国企业的管理模式肯定有中国特色，肯定有企业自己的特色。

进一步说，什么叫艺术？艺术就是不可复制。比如书法绘画的拍卖价格永远是排在第一位的，绣品排在底层，就是因为没人再能画出同样一幅画、写出同样一幅字，而绣品则相对缺少艺术。所以一种艺术，一定是有独特性和创造性的。

管理是科学和艺术兼而有之，作为科学，一定有规律性，不需要创造，按照要求做到位就行，复制就行；作为艺术，需要有创造性，需要有个性，可以有中国特色、中国模式。

就这个命题本身来说，本来就是融为一体的，正反一体两面，按照禅宗的理论，没有正就没有反，没有真就没有伪，讨论这个命题既有意义，又毫无意义。

管理是一种理论，又是一种实践

管理到底是一种理论还是一种实践？

如果管理作为一种理论，一定是有规律的，理论才有框架、概念，一定要澄清概念、澄清框架，假设系统要验证。理论是通用的东西，大家都可以用，没有中国模式、美国模式，如果硬要建立一个框架体系，首先就要把概念澄清，之所以有争论，就是因为概念不一样。**理论是普适的价值体系，一定要强调结构，一定要有方法论，比如麦肯锡的方法论全世界都是通用的，是假设系统结构化，是工作方法。**从这个角度讲，硬要构建"中国式管理理论"，我认为没有，哪来的"中国式管理理论"？

如果管理作为一种实践，那一定是有个性的。德鲁克的观点就认为管理是一个实践，不是一个理论。从这个角度来讲，每个国家、每个企业的实践都不一样。即使是华为复制IBM的IPD，它的推进方法一定是跟文化和华为的理念结合在一起的，绝对不是照搬IBM那套东西，一定有华为的特色。为什么全国企业学不到华为的IPD？为什么华为人到各地推广IPD基本都失败了？就是因为有特色、有个性。如果承认管理是实践，就一定有华为模式、三一重工模式等，就一定有中国特色、中国方式。

> 承认管理是实践，就一定有华为模式、三一重工模式等，就一定有中国特色、中国方式。

实践是与时俱进的，时代在变，管理也在变，作为一种实践的管理是一盘永远下不完的棋，永远没有止境，永远达不到我们所要的理想状态。比如我提出企业家需要贵和雅，有企业家打电话跟我说，彭老师你别吊打我们呀。贵和雅是一种境界，不可企及，但它是一个方向，如果真的要求企业家都要有贵族精神，那企业活不了！如果都像宋襄公那样，敌人渡河的时候我不打，渡完河没排好阵也不能打，这就是"蠢猪式的仁义"。管理是敌人过河的时候就要打，没排好阵就要打，这是一种牵引。另一种牵引就是方向规律，如前面所说。

管理作为一种实践的时候，有各种各样的模式，比如美国模式、日本模式；作为一种理论的时候，它就是全世界通用的，大家都可以接受。

中国企业最优实践值得系统总结

任正非厉害在什么地方？把管理作为实践，一是该干什么干什么，二是在不同的情境下解决问题的方案不一样，这是他的伟大之处。比如早期也模仿，也迎合当时的市场销售生态给回扣等，但不把这些变成一种习惯，因为这不是成功的道理，只是在特定阶段不得不为的事。从管理理论来讲，要以客户为导向，以产品为理念，这是真理，所以任正非一再强调华为要靠技术，而且真的在技术上投入。规律是一个企业的长远发展要靠技术、靠产品，但实践中当你还不具备技术和产品优势的时候，要生存下去就得该干什么干什么。只是你要始终清楚方向在哪里，规律在什么地方。

为什么任正非提出灰度管理？这就是对度的把握，情景下权变，不同的情景下采用的管理方式不一样，这是灰度。但同时，规律性的东西是唯一的，不存在灰度。比如以奋斗者为本是规律是真理，虽然不排除大家偶尔躺平一下也能让这个企业更有活力，但总的来说要以奋斗者为本，如果不奋斗这个企业就被淘汰了。

总的来说，管理既是一门科学，又是一门艺术，是融为一体的；管理既是理论又是实践，但是我更承认管理是一种实践。

我不太赞成构建"中国式管理理论"，但是中国的最优实践是有的，管理作为一种最优实践是存在的。就像日本在丰田实践的基础上总结出的丰田模式一样，中国也要总结出自己的模式。比如华为的实践、美的的实践、小米的实践、OPPO的实践，以及"专精特新"企业的实践，等等，我们拥有各种最优实践，也理应总结出被世界认可的模式。

管理作为一种实践，是对度的把握，是科学和艺术结合、理论和实践结合的平台。一方面，企业不能被理论忽悠，否则没法活下去；另一方面，如果不相信理论、遵行规律，又会掉到沟里。管理是常识，要遵循基本规律，但又要有自己的个性，所谓特色。"特色"没有普适价值，不可复制，谁也学不像，但"特色"的底层还是规律。

比如企业家各有特色，但企业家精神是一致的，不管在哪个国家的企业都是这样。

中国企业的最优实践亟待总结出来，这是包括我们管理学人、管理实践界人的使命。华夏基石作为一家研究型咨询公司，我们在理念引领性方面是进步的，如五六年前，我们就开始倡导长期价值主义、创新向善等，这种理念的方向是代表进步的，是代表人类管理的发展方向的，当时很多人不理解，现在基本都接受了，很多企业都把这些观念写进了大纲里，这就是前瞻性。最近我提的"登科技高峰，下数字蓝海，聚天下英才，与资本共舞，做三好企业"，这五句话作为理念引领，五年内方向是没问题的。

但这些年我们的遗憾在于，对于中国企业的最优实践持续挖掘不够、总结提炼的不够，这也是我们应该和企业一起努力的方向，实践是管理理论活的灵魂。🔲

"中国管理实践"挖掘得
远远不够

我相信随着中国企业的发展和越来越多的最优管理实践被总结提炼出来，一定会形成真正的可被验证的管理理论。

孙 波

今天我们在一起探讨"中国式管理"是不是一个真命题，会前大家开玩笑给我的定位是"正本清源"。

正本清源的话，我觉得要讨论清楚还是要先厘清"中国式管理""中国式管理理论"与"中国管理实践"这几个概念的区别。在口头表达上，似乎大家所指的是同一事物，但实际上有可能是风马牛不相及。如"中国式管理理论"与"中国式管理实践"，这两者就差别巨大。

一个完整的管理理论要包含四个基本要素："什么"(What)、"如何"(How)、"为什么"(Why)和"谁、何处、何时"(Who、Where、When)，而管理理论也正是从这四个方面解释组织与管理现象的概念及其相互关系的。

一个管理实践是指为达到特定的组织目标，具有特定模式的一系列有组织的活动的集合。特定模式是指构成一个实践的系列活动之间存在着相关联的逻辑关系，从而使这些活动表现出特定的组合样式。

按照库恩提出的理论的具象标准：精确性、一致性、广泛性、简单性和富有成果性，也就意味着无论冠以什么名义的理论都应当回归到一般原理。从这个定义上讲，就不存在"中国式管理理论"或者"某国式管理理论"的概念。从这个角度来看，所谓"中国式管理理论"就是一个伪命题。

"中国式管理理论"还不成熟

学界和理论界关于"中国式管理"的争论非常激烈，并引发诸多争议话题。如"中国式管理理论"是什么与不是什么，"中国式管理理论"价值何在，"中国式管理理论"的研究多范式与单一范式哪个更可取，"中国式管理理论"采用实证研究与质性研究哪个更好，科学严密性与实践有用性谁更有价值，等等。

也有学者基于认知分类划分了"中国式管理"的六大代表理论，包括曾仕强的"中道管理"、席酉民的"和谐管理"、苏东水的"东方管理"、黄如金的"和合管理"、齐善鸿的"道本管理"和成中英的"C管理理论"。于是很多人认为是存在着中国式管理理论的。我个人认为，这些理论基本属于管理理论的范畴，但更准确的定位应当是以中国企业的管理实践为基础研究的成熟或不成熟的管理理论。

成熟或者不成熟是就理论本身的普遍性和可检验性而言，如果仅仅是解释某一特定区域或者某一特定类型甚至某一特指企业的管理实践，显然还不能称之为理论或者成熟理论，但即使这样也和"中国式管理理论"本身没有关系。比如周可真就从"科学是一种文化"与"管理不仅是科学且是一种文化"这两个基本命题出发分析了这一问题，他用"中国数学与美国数学"来类比"中国式管理与美国式管理"，以论证"具有差异性"的"中国式管理"是否具有科学"普适性"的问题。因此，如果我们始终强调"中国式管理"的特殊性，并冠以"中国式管理理论"显然在"管理科学"层面是难以达成共识的。

"中国管理实践"亟待深入挖掘

换个角度，我们谈论"中国式管理"的主体是"中国管理实践"时，这一命题显然具有非常重要的现实意义和理论研究价值。

首先，中国优秀企业所展现出来的独特的管理实践确实带来了企业的卓越业绩。比如华为通过不断探索实践所打造出来的围绕人的价值，持续激活人的价值创造与奋斗精神的人才管理机制、围绕客户的价值实现的组织变革与组织能力建设机制都属于独特的中国企业的管理实践。

> 为什么今天大量的企业在学华为，但是又似乎总是陷入学不会的尴尬境界，其原因就在于对于管理实践逻辑的理解、总结和提炼不够，总是停留在学"术"的层面上。

研究和总结这些实践具有强烈的现实意义，白长虹就认为优秀企业的管理实践逻辑是可以传承和复制的，是可认知并且是可以被其他组织复制的。这些成果得到推广，可以使更多企业能够学习到有益的实践知识。这也就是为什么今天大量的企业在学华为，但是又似乎总是陷入学不会的尴尬境界，其原因就在于对于管理实践逻辑的理解、总结和提炼不够，总是停留在学"术"的层面上。华夏基石作为一家研究型咨询公司，这些年在对企业管理实践逻辑的研究上投入了很大的精力，也取得了一些成果，但显然这个领域还大有可为，潜力巨大。

其次，管理实践又成为管理理论提出的基础和路径。西南政法大学白胜教授以演绎推理、归纳推理与溯因推理三种基本逻辑推理形式为标准，梳理了国外管理理论的建构研究。

演绎推理源于笛卡尔的唯理主义，认为世界上存在着不需要由感觉经验验证的先验知识，借助这些知识就可以演绎出其他知识。演绎推理用于建构管理理论，并非简单地从已有理论演绎出其他理论，而是先由理论演绎出待检验假设、预知或理论体系等，再收集数据检验假设，由检验结果反过来证实或证伪该理论。如果理论获得证实，则增强了理论效度，强化了理论；如果证伪了理论，则为修正、优化该理论找到了机会和基点。

归纳推理认识论源自洛克的经验主义，认为世界万物均为固有的客观存在，不存在任何先验知识。因此，知识的唯一来源就是由感觉而形成的经验，而知识获取方式是归纳个别感觉经验。学者采用归纳推理进行管理理论建构时，实地研究成为主要策略，包括扎根理论法、案例研究法和创新行动研究法都属于实地研究策略。与研究策略相对应的，实践有用性成为管理理论的重要评价标准。采用归纳推理研究管理理论最有影响的就是卡普兰用自创的创新行动研究法构建了平衡计分卡理论。

溯因推理认识论源头为杜威等人倡导的实用主义，主张以最终实用性为标准，强调从各种角度而不是单一角度获取有用的知识。溯因推理强调理论与实践间反复"对话"，组织公平理论的创建者 Folger 使用的研究方法就是以溯因推理为逻辑指导的。

我花大篇幅在这里介绍基于三种基本逻辑推理的管理理论建构方法，就是想回答我们研究中国企业管理实践的重大意义，或者说是我们讨论"中国管理实践"对于构建新的管理理论的价值和意义所在。

管理实践一定会有"中国式"

如果谈"管理实践"，那就是实践逻辑，一定有"中国式"，因为环境不一样，文化不一样。

华为为什么成功？因为在管理流程、模式上，华为是彻彻底底的"西方式"，也就是前述老师所讲的，华为没有什么新鲜的管理理论。但是，它确实又是一家具有中国特色的"西方式"公司，这个中国特色就是以任正非为代表的管理者探索出来的管理实践。

中国还有很多优秀的企业实践，比如海底捞的服务创新模式、海尔的人单合一模式、美的的平台化改造实践，等等。通过研究和描述管理实践并总结相关的经验，就有可能成为构建解释这些实践内在机理和作用机制的理论基础。

我们今天研究的管理实践会不会抽象成一般原理呢？会不会如丰田的精益生产等从企业管理实践逻辑中升华出具有普遍意义的管理理论？我相信随着中国企业的发展和越来越多的最优管理实践被总结提炼出来，一定会形成真正的可被验证的管理理论。

当代著名的管理学者哈默尔与普拉哈拉德合著的《公司的核心竞争力》在很长时间里影响着战略管理理论与实践的演进方向。他连续几年去海尔交流调研，就是要研究海尔现象，试图提炼出一般性规律，如果真做到了，就成了管理理论，因为是跟中国的实践紧密结合。如果问会不会打上如"丰田精益生产"一样的标签还说不准，但目前确实还没有到这个程度。至于未来会不会提炼出一般管理理论，然后打上中国的标签，是有可能的。⒝

洞见

CHINA STONE▶▶

当企业解决了基本的生存问题，要持续做大做强时，就必须实现"从企业家的企业"到"企业的企业家"的转型，谁能实现这种转型，实现了自我超越，谁就能持续走向成功。

——彭剑锋

企业家如何打造一个不依赖于个人的伟大组织？如何实现从个人智慧到团队智慧的转变？如何从个人能力转向组织能力？

中国企业家的时代新使命：

从个人成功到组织的持续成功

■ 作者｜彭剑锋

一、个人修养：从追求"富"到追求"贵"和"雅"

改革开放四十多年，是中国经济高速规模成长的四十多年，也是加速度造就世界级亿万富翁的四十多年。据胡润 2020 全球财富排行榜显示，全球共有 2810 人的资产在 10 亿美元以上，其中中国 799 人，美国 626 人，印度 105 人。中国造就的世界级富翁的数量全球第一，这令人惊叹，但我们也不得不面对两大令人尴尬的现实：一是我们造就了全球最多的富翁，却没有打造出一批世界级的伟大产品与品牌；二是富裕的群体普遍缺乏富裕的文化品格，得不到社会的尊重。

中国富豪富而不贵、贵而不雅，贵族精神与艺术美学修养的缺失，是中国富豪最大的品格缺失。从企业的角度看，在高质量发展时代，要打造伟大的产品和品牌，企业家要有贵和雅的追求与品质。

企业家从富到贵、由贵到雅，需要持续修炼，甚至要经过几代人的努力。当然，富是贵和雅的基础，富为贵的修炼提供了物质条件。正如管仲所言："仓廪实而知礼节，衣食足而知荣辱"。那么什么是贵和雅，其内涵和特质是什么？

1. 精神之"贵"的五大特质

所谓贵，不是物质财富"贵"，而是精神之"贵"，具有贵族精神。贵族精神具有丰富的文化内涵，它有五大特质。

第一，贵在有勇气，有社会责任担当。精神之贵，不是贵在你有多少财富，你是否开名车、住豪宅，而是贵在你有家国情怀，使命驱动，具有超越金钱之上的追求。

第二，贵族精神之贵，贵在一种骨子里的气节、自尊，贵在为价值观和荣誉而战，具有坚守的价值观和原则。在价值观和原则面前，绝不妥协，宁折不弯，为荣誉和尊严而战。为了捍卫荣誉，可以舍弃生命，死也得死得有尊严。

第三，贵不是贵在出身，而是贵在学识和修养的完美结合，有文化的教养和高尚的道德情操。贵在低调从容，贵在自我尊重的同时，尊重他人，平等待人，扶助弱势群体。

第四，贵在自律，守规则、讲礼仪、守信用。严于律己，管得住自己的欲望，不追求享乐，不以享乐为人生目的。

第五，有独立的人格、自由的灵魂。干净，精神上有洁癖；不攀附权贵；在权贵和金钱面前敢说不；不从众，不人云亦云，具有坚韧不拔的意志。

2. 精神之"雅"的四个特征

第一，雅首先体现为有人文涵养，有人文涵养的人，具有内在的高贵、典雅的气质美，不仅有丰富而深厚的文化底蕴和高尚的道德情操，而且一定有大善大爱之心，容得下别人，更看得清自己，做到"严以律己、宽以待人"。雅体现为有艺术修养，对美和艺术有鉴赏力；有审美情趣，有感性思维，有美的智慧，或称之美商。

中国企业要实现高质量发展，要打造伟大的产品和品牌，企业家必须提高人文和美学修养，才能用艺术与科技打造美到极致的伟大产品，才能创造高美誉度的名牌，打造令人才向往的美好组织。乔布斯的贵和雅，就是用禅之心、以艺术的感性和科技的完美结合打造了苹果这一伟大产品和品牌。

第二，雅，就是举止优雅，待人注重礼节，行为不粗鲁，有钱不飞扬跋扈，不自我膨胀。许多人一富起来就骄横放肆、目中无人。曹德旺的贵和雅，体现在他不仅是一位捐了200多亿元的富翁慈善家，更是他始终持守平等待人、谦虚学习的君子行为。正如他所讲，拜师不分贵贱，谁都别瞧不起乞丐，乞丐活下去的精神也值得企业家学习。

第三，雅在有慈悲博爱之心。众生平等，关爱弱势群体，行为举止优雅得体，无论公众场合、私下场合，始终尊重他人。一个拥有高贵和优雅品质的人，不会因为他人的出身与阶层而对其一屑不顾。

第四，雅在生活有品位，追求自然、坦荡、极致的生活，但不追求奢靡。贵族并不是追求奢侈生活的人。住豪宅、开名车、吃山珍海味，这种以满足物质欲望为目标的生活方式并不是贵族精神。任正非的雅，是在正式场合穿着有品位，年近八十仍风度翩翩、气宇轩昂；但平时，该坐出租车就坐出租车。网上有一张任正非不带秘书出差，自己提行李等出租车的照片，体现了他做伟大的事业，过平凡人生活的心态。

> 真正的贵和雅，需要长期用心修炼，甚至需要几代人的持续践行、积淀、传承和弘扬。

总之，贵和雅是人的一种内在的综合品质。靠钱是砸不出来贵和雅的。真正的贵和雅，需要长期用心修炼，甚至需要几代人的持续践行、积淀、传承和弘扬。

二、角色定位: 从"企业家的企业"到"企业的企业家"

企业家的企业与企业的企业家虽只有一字之差，内涵却截然不同，实践起来更是难上加难。

从企业家的企业到企业的企业家的转变，至少应包括以下八个方面的内容。

1. 从企业"是我的"向"是我们的"转变

这是从所有权的角度，来解读企业家对待企业财富的认知与态度，即回答企业属于谁的问题。从企业家的企业这个角度来说，企业家的潜意识里，企业就是属于我的，我们家的；而在企业的企业家意识中，虽然我是创始人、大股东，但企业不完全属于我，是我们大家的，是社会的，是各类人才共同的事业平台，是社会化、组织化的企业。

企业家的企业往往将企业当成是自己的私有家产，员工是"雇员"，追求的是自我价值和个人财富的最大化。当企业被视为个人化或家庭化的组织时，是很难让员工有共同的愿景和目标追求的，也很难凝聚员工朝着共同的目标去努力、去奋斗，**而企业组织能力的根基在于组织成员必须具有共同的使命、愿景和目标追求**。只有将企业视为所有员工共同的家园；把在企业工作当成自己生命和生活中一个重要的组成部分；把做好工作，做好企业当成自己的事来做，这个企业才会有凝聚力和组织力。

因此，两种角色不一样的地方在于，企业的企业家更追求相关利益者的价值平衡，可以为了组织的整体利益暂时牺牲个人私利，善于分享愿景、财富和权力。任正非、王石、马云在企业中所占的股权都不大，但仍能实现对企业的有效控制，靠的不是所有权，靠的是对企业利益大于一切的价值观的恪守，靠的是对信念追求形成的感召力，靠的是对各类人才包容的博大胸怀与激活价值创造力必不可少的慷慨的利益分享。

2. 从老板个人文化向组织文化转变

从组织文化的角度看，企业家的企业，它的内部文化就是企业家个性风格的化身，整个企业文化的氛围和个性是依据企业家个人的偏好、领导风格和行为个性而塑造的，组织文化就是彻头彻尾的老板文化。比如老板喜欢骂人，那这个企业就有"骂人文化"；老板喜欢负向激励，组织就有负向激励的文化；老板喜欢玩虚的，那整个企业就是务虚的文化；老板低调务实，企业也会低调务实……

而作为企业的企业家，企业文化既有创始企业家的个人烙印，但又不完全是，它是多种文化个性的融合，更具包容性、开放性和创新性。老板个人的价值诉求和个性风格虽然对企业有深刻影响，但客观来讲，这种影响力有其边界。

企业家的企业，它的文化是相对封闭的，空降人才往往难以存活，多元文化也难以融合；而企业的企业家，个人文化已上升为组织文化，封闭文化让位于开放、包容的文化，空降人才有存活的土壤，多元文化在组织中能够融合并得到相互尊重。

3. 从个人主观评价向组织客观评价转变

从价值评价的角度看，企业家的企业基本上没有客观公正的价值评价体系与用人标准，价值评价以企业家个人的价值判断为核心，以老板好恶为依据，老板是唯一的裁判。

让很多老板感到郁闷的是，员工的待遇越提越高，员工却越来越不满意，普遍存在应得心态、缺乏感恩心态，钱发出去却产生不了激励效果。原因就在于这类老板往往随意许诺，员工升官发财往往凭老板情绪好坏，情绪是晴天就多给点，情绪是阴雨天就少给点。所以，那些会办事的人事总监在上报人事任免及奖金分配方案时，往往挑老板情绪好的时候上报，这样就能批得快。慢慢地，老板身边会出现一些天天琢磨老板心思而不干实事的人。老板往往听信谗言，人事决策依据小道消息，而不是根据实际能力与贡献。

企业的企业家，对于"谁干得好，谁干得坏"有客观公正的评价体系，在价值创造、价值评价、价值分配上形成了一体化的价值管理系统，这样，人才就能通过组织系统脱颖而出。

有人问任正非，如何用几个字概括他在华为的主要角色。

任正非的回答是两个字：分钱。

舍得分钱并将钱分好，对于企业家和企业而言，是一个世界级难题。华为人力资源管理最大的特色和最有效的地方，我认为就是建立了一套科学合理的价值评价体系。这套体系主要有：岗位价值评价、能力要素评价、价值观认同与态度评价、绩效价值评价，依据价值评价结果进行机会、职权、股权、工资、奖金等利益的分配。这样，就实现了分钱、分权有依据，老板分出去的钱和权能够产生更大的价值，最终为组织带来更丰厚的人力投资回报。

4. 从敬畏个人规则向敬畏组织理性规则转变

对很多创始企业家而言，其骨子里流淌着敢于打破常规、不按常理出牌的天性，而且中国众多企业的创业发展史就是一部野蛮生存、漠视阳光规则、善打法律与政策擦边球的发展史。

> 如果组织没有对流程、制度、规则的敬畏，就难以建立组织理性，而没有组织理性，组织能力只会沦为一句空话。

对企业家的企业，它的规则是基于企业家个人，而不是基于组织共识上的规则，制度也往往只针对别人不针对自己，只约束别人不约束自己，且朝令夕改，老板个人可以凌驾于任何组织规则之上，别人都在规则制度之下，整个组织缺乏对规则的敬畏感。如果组织没有对流程、制度、规则的敬畏，就难以建立组织理性，而没有组织理性，组织能力只会沦为一句空话。

相比之下，企业的企业家就不一样，企业家尊重组织规则，并有意识地淡化个人威权，建立组织理性。企业家将个人置于组织规则之下，他既是组织规则与制度的倡导者、制订者，又是率先践行者。规则一旦制订就会遵守，个人不会凌驾于组织之上，更不会随意更改规则。

中国许多企业为什么难以实现组织化？就是因为普遍缺乏规则意识与组织理性。老板不敬畏规则，并将个人凌驾于组织之上，不将自己看作组织中的人，只渴望企业有家法，但对自己有豁免权。

5. 从依靠个人智慧与能力向依靠组织智慧与能力转变

企业家的企业是靠老板的个人能力与个人智慧而发展起来的，老板个人的能力大于组织能力，个人品牌大于组织品牌。企业家往往大权独揽、独断专行，企业的决策与责任重心在上而不在下。企业家是企业成长的唯一驱动力，企业决策是机会导向，个人独断。当机会来临时，老板往往不顾一切，生拉硬拽着企业前行。在某种意义上，老板既是决策者也是执行层面的超级业务经理。这样，导致企业的命运系于企业家个人而不是团队与组织能力。

企业的企业家则不是靠老板个人打天下，既依靠企业家个人的智慧与能力，也依靠组织智慧与能力。

企业家要认识到，个人能力再大，也要受时间与精力的限制，即使一天不睡觉，也只有二十四个小时。企业家个人智慧再高，也要受新产业、新领域知识的限制。小企业、单一产业可以靠个人智慧与能力，而大企业必须靠团队，老板不应再是超级业务经理，而要成为团队的领航者，善于激发群体智慧，善于授权，驾驭比自己更能干的人。这就需要企业家有更高的追求，更宽广的胸怀，更高的境界。

6. 从对老板个人负责与忠诚向对组织负责与忠诚转变

企业家的企业是对老板负责，崇尚对老板绝对忠诚，要求员工愚忠。同时，企业的责任重心在上，老板是责任与权力中心，没有建立起全员责任系统，企业只有领导权威而没有流程与专家权威。整个企业脑袋对着老板，屁股对着客户。

企业的企业家，不是仅对老板负责，更是对组织负责，对客户负责。企业的责任与权力重心在下，企业建立了全员责任体系，不仅有领导权威，而且有流程与专家权威，一旦出问题，全员自动担责并协同解决问题。

一个企业最大的危机往往来自责任的缺失，如果大家都不担责，一出问题就找借口，而不找解决方法，在位不作为，企业就很容易垮掉。

如果一个企业的员工只是对老板忠诚，而不是对客户、组织忠诚，从某种意义上来说，就只是一个团伙而不是一个团队，是一拨人而不是一个组织。

7. 从关注个别能人向关注人背后的机制、制度转变

企业家的企业，将企业视为自己的私有领地，将员工视为家丁，所以，在经营企业上，更关注找到几个能人，依靠几个能人支撑组织。不过，现实是能人一旦有贡献或做大以后，往往出现两种状况：要么独立出去，自立门户，直接变成竞争对手；要么也像老板一样凌驾于组织之上，形成山头或诸侯。

企业的企业家则既找优秀人才，善用能人，但绝不将企业的命运系于几个能人身上，而是注重企业的机制与制度建设，让人才脱颖而出，形成人才辈出的局面。同时，通过组织平台，为各类人才赋能，让个人只有依靠组织才能成事，离开组织就干不成事，使个人能力永远不可能超越组织能力。同时，外部人才能进得来、容得下，内部人才成长得快、干得好。

8. 从做生意向做事业转变

企业家的企业，老板本质上只是一个生意人，以养家糊口、发家致富，获取并拥有财富为人生目标；企业的企业家并不将财富的获取与拥有作为终极目标，而是有着超越财富之上的更高追求，甚至以经营企业为终生职业，以将企业做大、做强、做长为人生价值目标，既追求财富又不沉溺于财富的享受。

在很多人看来，上帝赋予企业家的使命就是：拼命地挣钱，有节制地花钱，拼命捐钱。正如巴菲特，挣了350亿美元，全部捐给盖茨慈善基金会，回馈社会，而他自己以吃快餐为乐，

安心享受平民生活。

企业的企业家就是以做大事业为重，以过程为乐，他不再是一个生意人，而是具有强烈的使命感，能为社会创造特殊财富的人。

需要说明的是，企业家的企业与企业的企业家并没有绝对的对错之分。创业时期，必须是企业家的企业，企业要靠企业家牵引，力量才能聚焦、决策才有速度、资源才能有效配置；但当企业解决了基本的生存问题，要持续做大做强时，就必须实现从企业家的企业到企业的企业家的转型，谁能实现这种转型，实现了自我超越，谁就能持续走向成功。

三、领导力变革：力戒"8个1"坏毛病，打造超强组织能力

企业家要打造出不依赖于个人能力的领导团队，真正实现从企业家个人的成功到团队的整体成功，从依赖一把手个人能力的成功到依靠组织能力的成功，就必须走出创业期经营小企业的领导方式与领导习惯，要进行自我批判，自我超越，特别是要改掉"8个1"的坏毛病，才能真正打造出卓越的领导团队，构建一个伟大的持续成功的组织。

那么，一把手需要改掉"8个1"的坏毛病是什么呢？用四句话概括，即"开会一言堂，决策一人拍；权力一手揽，巨细一把抓；花钱一支笔，用人一句话；有过一把推，名利一锅端"。怎么去克服这八个"坏毛病"，我也提供一些对策与建议。

1. 开会一言堂，决策一人拍

有那么一种企业家，公司上下，只有他一个人的意志，开会的时候，大家也只能听到他一个人的声音。他不想听，也听不进团队其他成员的意见，更不屑于吸纳众人的智慧。在这种情况下，团队就变成了"应声虫"，变成了一个个奴才，唯老板一人马首是瞻。显然，这样的团队一定不会有智慧，也很难

持续打胜仗。

对策一：为了避免一把手搞一言堂，不少优秀的企业主要采用了两种方式。

(1) **领导班子集体学习制度**。通过定期集体学习、分主题学习、行动学习，使团队成员具有共同的学习机制与方法论，建立同频交流与沟通的语言系统，从而有利于团队表达意见并达成共识。

(2) **一把手后表态后的发言制度**。在组织当中，会议应由一把手组织，并引导大家畅所欲言。同时，要从制度角度作出规定，在会议中，一把手也必须表态，要在听取各方意见和建议之后再发表意见，定调定夺。这样所形成的共识，才能够称其为共识。开会一言堂的"孪生兄弟"，即所谓"决策一人拍"。因为一把手习惯了一人拍脑袋作决策，甚至迷恋这种虚伪的威权感，那么在做决策的时候，自然听不进他人的正确意见，必然一意孤行。一把手要有责任担当意识，要有敢于一锤定音的魄力，但这并不等于企业家一个人说了算，并不等于决策凭感觉。

对策二：为了避免企业家任性妄为，随意决策，很多优秀企业采取了几种做法。

(1) **高层决策坚持民主集中制原则**。重大决策一定要民主决策，权威管理，一定要让大家充分发表意见，充分表达建议。

(2) **建立科学决策的机制、制度与流程**。一把手对重大决策没有一票决定权，要经过多数人表决同意。但是，可以给予一把手以一票否决权。这就意味着，如果一把手认为一件事情能做，但班子的大部分成员都认为这件事不能做，那么，决策就要放一放，甚至要放弃。反之，如果一把手认为一件事情不能做，但班子的大部分成员都认为可以做，那么，一把手可以动用一票否决权。

2. 权力一手揽，巨细一把抓

所谓权力一手揽，就是指一把手在授权的时候，只肯给团队成员压担子、分责任，却没有授予相应的权力。这就导致了团队成员调动不了资源，责任也扛不起来的恶果。所以，我们经常讲，有权才有责，有权力，责任才能扛得起来。

对策一：一把手要调动团队成员扛起责任的积极性，就要科学地秉公用权，善于授权分权。在权力的使用上，一把手要做到秉公用权不徇私，依法用权不逾矩，民主用权不专断，勤勉用权不懈怠，谨慎用权不任性，廉洁用权不贪大。同时，对团队成员要充分信任，有效授权。

好的一把手并不是事无巨细地包揽于一身，而是要创造出一种卓越的责权利人机制，引导团队成员奋斗。一把手自身要起到引领、指导和调整作用，而不能把团队成员变成"见习官"。

对策二：事实上，一把手大权独揽，恰恰是一种无能的表现。在团队成员不参与奋斗，不参与创造，人浮于事的状态下，即便老板累得吐血，也不会有人跟进和感恩，反而会怨声载道，甚至是幸灾乐祸，乐见于老板出现失误。所以，何享健特别强调的就是，企业一把手要致力于打造充分信任，有效授权，让真正有能力的人超水平发挥的优良机制。

那么，什么是好的信任授权机制？

何享健提出，好的信任授权机制，就是能让老板什么都不管，什么都清楚、可控；什么都放权、什么都有序的机制。显然，这样的机制能够让老板或者一把手从日常事务中解脱出来，能够抓大放小，让组织有活力，经营有效益，管理有效率。让好人不吃亏，坏人不得志。同时，它能让平凡的人在这个平台上做出不平凡的事，能让不平凡的人实现超水平发挥，创造卓越的绩效。

3. 花钱一支笔，用人一句话

在这方面，很多处于创业期的一把手表现为，花钱、放款太随意，无预算，无节制，没有现金流风险意识；用人无标准，无程序，无依据。他们习惯于将公司财产完全视为己有，不尊重企业财务制度与财务审批流程，手握一支笔，随意签字放款，使公司成为个人用钱的提款机。

对策一：要改变一把手"花钱一支笔，用人一句话"的毛病，企业要做到以下五点。

(1) **尊重专业精神，限制老板权限。**一把手不应直接分管财务，而是要交给精通财务管理的专业人员去担当。除了公司治理的规则、规定必须要有一把手签字之外，一把手一般不要直接签字审批放款。

(2) **建立全面预算体系。**在预算范围内，财权也可以充分下放。只有在超预算的情况下，一把手才能介入。

(3) **成立投资决策委员会。**对公司的重大投资决策要经过集体讨论，要科学论证，集体投票决策。

(4) **一把手个人无权决定对他人或其他企业进行担保或者借款。**

(5) 除了花钱不能靠"一支笔"，用人同样不能仅靠"一句话"。在现实当中，有很多一把手采用了"三无"用人法，即无标准、无程序、无依据，全凭个人好恶或关系亲疏来决定用什么人或不用什么人。在企业内部，升官发财无依据，在自己的"亲信"犯错误时，老板只会睁一只眼，闭一只眼，甚至有意护短，袒护纵容。最后，组织会为这些所谓的亲信所累、所害。

对策二：为了避免落入这样的陷阱，华为人力资源管理的基础是价值管理循环。华为人力资源管理最具有特色的就是"价值创造、价值评价、价值分配三位一体的价值链管理系统"，形成了全力创造价值，科学评价价值，合理分配价值的良性循环的战略管理机制，从而使"好人不吃亏，坏人不得志，贡献者定当得到合理回报"。

4. 有过一把推，名利一锅端

怎样判断组织是不是出现了问题？当企业出现重大决策失误时，一把手没有担当精神，不承担责任，一味将过错推给下属，把自己择得一干二净，这样的组织一定是病了。

如果一把手追逐名利，并且自私自利，必然没有自我批判精神。功劳都是自己的，错误都是他人的。他不但不愿意与班子成员分享，并且从来不做自我批评，只会批评、呵斥班子成员和其他人。这样的一把手，自然成不了班子的主心骨，其威信也无法建立。这时，没有人愿意真正团结在一把手周围，更遑论去凝心聚力，抱团打天下。

对策：最优秀的企业家和一把手都是有情怀、懂江湖、通人性的。他们既能用远大的目标去感召人，以博大的胸怀去容纳人，以敢于担当的气魄去信服人；还能以舍得分钱，善于分钱，乐于授权赋能去激励人、成就人。同时一把手要有自我批评精神，能平等与班子成员开展批评与自我批评。

四、建团队：用六种"动物特质"的人才构建胜利之师

企业高层领导团队是率领企业从胜利走向胜利的事业核心力量。我们说一个企业领导力强，不仅强在企业家个人有能力，更是强在团队领导力上，因为老板能力再强不可能包打天下，他必须依靠团队。企业如何打造一个超强的高层领导团队，打造能持续打胜仗的"虎狼之师"？

第一，高层领导团队要有一致的目标追求，有共享的价值观，大家能够凝聚在一起，朝着共同的目标去努力。第二，团队成员要有个性、能力互补，彼此相互欣赏，大家能够默契合作，形成长短互补的合力。

根据在实践中的观察，我们认为具有这六种"动物特质"的人才组合团队可以说是最完美的。

1. 镇山虎

一个团队之中一定要有镇山的虎。老虎作为中国古代部落图腾的形象出现，是权力、勇武、胆量和气魄的象征。"老虎"型的人才有强烈的企图心和成功欲望，喜欢冒险；敢担责，有

魄力，个性积极，但是有时候脾气大，比较偏执；有人格魅力，控制欲强。他凡事喜欢掌控全局，发号施令，而不喜欢维持现状；他勇于变革，行动能力也很强，而且目标一经确立便会全力以赴。为了长期利益，敢于牺牲短期利益。

所以在一个领导团队之中，一把手一定要有一定的虎性、虎威。第一，一把手要有远大的目标追求和坚定的信念，才能够引领大家，使这个组织始终充满激情。信念在，组织就在，所以只要有一把手在，信念和追求就在，组织和团队就在，就散不了。第二，有虎性的一把手，敢冒风险、敢担责任、敢决策，他有一锤定音的决断力和决策力。同时，他勇于变革，不断去超越自我。当然，卓越的企业家和企业的一把手，往往也是偏执的。有句话说"唯有偏执狂才能成功"，因为偏执者，大多有不同于一般人的独特洞见力、创新精神和对事业的执着。但有时候，一把手如果过于"虎性"，往往容易独断专行、行事过于偏激，这时候如果团队之中没有人来"补台"，任由老板独断专行作决策的话，容易翻车。

2. 变色龙

如果一把手"虎性十足"，他最好找个"变色龙"作为搭档。也就说，作为二把手，最好是"变色龙"特质的人。什么叫变色龙？变色龙的特征就是会随着环境的不同而变成不同的颜色，适应能力和自我调整能力特别强。

具有变色龙般个性的人，并不是投机取巧，而是指这种人行事不偏激，看起来"人畜无害"、没有攻击性，他们往往以中庸之道处事，擅长整合内外资源，兼容并蓄，在一个冲突的环境之中，能折中、能屈能伸，不争一时意气。他们处事圆融、弹性极强，处事留有余地，绝对不会剑走偏锋，这种特质的人办事，能让老板放心。尤其是在团队中，一把手是典型的"老虎"的话，那"变色龙"就是一把手最好的搭档。

在做决策时，具有"变色龙"特质的二把手相对理性和中庸，在老板偏执冲动的时候，他能往后拽一拽，帮老板踩踩刹车，以免老板走极端掉到沟里面去。在团队建设中，一把手霸气，个性强容易造成组织中的矛盾、对立，这时也需要"变色龙"从中去调和气氛、缓和矛盾。在处理外部关系时，因为作为二把手的"变色龙"处事圆融，会有弹性地处理各种内外矛盾，协调各种资源，能够去弥补一把手的不足。

此外，无论是"变色龙"，还是中国文化中的"龙"，"龙"与"虎"都是最好的团队搭档和伙伴。但前提是"龙"与"虎"要知根知底、心有默契，彼此之间绝对信任。

3. 远见的鹰

除了"镇山虎"和"变色龙"，一个团队中还要有什么样的人呢？

雄鹰展翅高飞，象征一种远见卓识、自由独立；雄鹰攻势凌厉、精准，雄鹰还具有自我变革的精神。那种具有鹰之个性的人，他往往站得高、看得远，他知识渊博，专业有谋略，是能给一把手出主意、想策略、出方案的智囊人才和参谋人才。

具有鹰的个性的人，往往也是敢谏言的谋士，老板有问题时他也敢于提意见，因为鹰有强烈的危机意识，具有自我变革的精神。在一个团队之中，还要有人向老板提出不同的意见，有一个"鹰"这样的人，就可以弥补擅长"和稀泥"、原则性不强的"变色龙"的不足。当然，具有雄鹰个性的团队成员往往容易恃才自傲，他可能除了老板以外谁都瞧不上，同时不喜欢拍马屁说好话，所以他说话很犀利，容易得罪人。

当然我们讲具有"鹰"的个性的人，有时也指"猫头鹰"个性的人才。"猫头鹰"的特点是机警灵活，具有这种特质的人才，往往表现为理性而谨慎，分析能力强，精确度高，喜欢把细节条理化、具体化、可操作化，但是个性拘谨含蓄、谨守分寸，忠于职责，有时会吹毛求疵。

4. 善战的狼

狼的性情比较凶残，但是它行动果断、极具智慧、具有拼搏精神和团队精神，它目标坚定、不达目的决不罢休。所以，具有"狼性"特质的人才，他能够率领团队攻城略地。所以一个组织要打胜仗，要占山头，要攻城略地，还得靠有狼性的将军。同时，狼善于团队合作，打仗的时候从来是一群狼一拥而上、分工工作，"饿虎抵不过群狼"就是因为狼擅长团队作战。狼群奉行优胜劣汰，结果导向、竞争淘汰。一个组织中一定要有这种能带团队、攻山头、打硬仗、打胜仗的狼性"将帅"，那么这个组织一定有战斗力！打胜仗，不可或缺的是"狼性"人才。

5. 敏捷的豹

豹是大自然中最为敏捷的猎手，它身材矫健、动作灵活，奔跑速度快，有个性、有自信。具有豹的特质的人才，往往是组织具有"速度与激情"的象征。一个团队之中一定要有像豹之个性的人，这种人才通常具有非常强的市场敏锐性，他们行动迅速，"熊心豹胆"，这种人才就是胆子大、敢冒险；有谋略，善于开拓新市场，创造一块新天地，打开新局面，是具有创新性、开拓性的人才。

豹之特质的人才往往是组织中善于领导和推进变革的人。豹敏捷而充满活力，他有时候相当于一个组织中的"鲶鱼"，有这种"鲶鱼"存在就可以防止组织惰怠，就使得整个组织充满激情和速度。

6. 忠诚的犬

犬象征忠诚可靠，做事认真，有耐性，使命必达。老话说"鸡飞前引幸福路，玉狗看家守金钱"。如果我们说"狼"和"豹"主要是为公司开财源，多赚钱、多叼肉回来，那么"犬"就是善于守财，善于精打细算，执行力强，而且对老板和组织绝对忠诚，没有二心。

但有时候，忠诚的"犬"也会以老板的代理人自居，有时候他喜欢多管闲事，插手一些不该插手的事情，往往帮老板的倒忙，遭人嫌。同时，因为忠诚，一般会在企业里面干得时间比较长，有时候会表现为不思进取、喜欢排斥引进的新人。

当我们形象化地描述企业领导团队成员特质个性后，你会发现，这六种人，每个人都有自己的特长、都很强，但也都有明显的弱点和短处。一个组织要打造一个超强的领导团队，就必须要有这六种人才的组合。如此才能真正做到不同个性、不同能力的人，通过互补合作形成强有力的团队。在志同道合的基础上打造一支敢打胜仗、能打胜仗的"虎狼之师""胜利之师"。

五、用人有原则：三类高管必须淘汰出局，以十大标准评价高管

企业强，首先强在以企业家为核心的高层领导团队。同理，企业烂，也首先是烂在核心层。俗话说"萝卜烂在核心""堡垒往往从内部被攻破"。所以企业的组织能力建设，首先在于高层领导、核心团队建设与高层领导力的系统提升。企业要想打造出超强的高端团队，首先要保证核心层成员的品质，要求他们都能成为金子，至少要成为钢铁，而不是一堆破铜烂铁。

1. 及时清理三类人

在一个领导团队之中，往往有三类人，就类似于我们所说的"破铜烂铁"，组织需要将他们及时撤换或者淘汰。

第一类人，没有企图心和成就欲望，缺乏事业激情与奋斗精神，不想与老板一起干成一件大事情。这种人首先过于现实，鼠目寸光，缺乏理想和事业激情，对老板及公司的使命目标不清晰，不愿意为未来投入。跟他谈理想、谈目标，他的情绪不高，而且总是持怀疑态度。不仅如此，他对未来，对自身在组织当中的成长和发展不但缺乏自驱力，甚至缺乏想象力，总是需要用鞭子抽着跑，需要强大的外力驱动。而进入高管领导团队的人，一定要有使命驱动，一定是那种要与老板一起干大事的人。否则，

是不能成为高管的。

第二类人，**不愿意承担任何风险，没有经营与全局意识，过分计较个人得失。**这类人在危机面前往往撒腿就跑，关键时刻"掉链子""尿裤子"。他们尤其不愿意为长期利益牺牲短期利益，往往不敢直面矛盾，遇到难题时退避三舍，遇到矛盾时，旗帜不鲜明，无原则、和稀泥、找借口。个人不承担任何风险，却要求高底薪。这是只追求分享存量利益，不愿意与业绩挂钩，觊觎企业未来增量利益的典型代表。

第三类人，**人品差、格局小、自我膨胀，没有自我批判精神。**首先，人品不好，自私自利，必然以权谋私；不懂感恩，必然吃里爬外。其次，格局小、心胸狭窄的人，必然没有全局意识，眼中只有自己的一亩三分地，喜欢拉帮结派、搞小圈子、山头主义。最后，他们缺乏自我批判精神，容易自我膨胀。本质上因循守旧，不爱学习、不求进步，观念能力滞后于公司的发展要求。

2. 十大标准辨英才

那么，作为企业家，如何对高管团队成员提出更高的要求呢？用什么样的标准去衡量他们是否合格？我认为，有十条标准可供企业家参考。同时，它也适用于高管团队成员的自我检视和自我批判。这十条标准，各有5个分值，5分为优，4分为良，3分为平，以此类推。

第一，有企图心和事业激情，认同并能够追随企业家成就伟大的事业理想。当企业家谈到公司愿景的时候，他能感同身受，心情激荡，双目有神，熠熠发光，而且能主动放弃安逸的生活，非常愿意为公司长远目标的实现牺牲短期利益。

第二，不安于现状，具有持续奋斗精神。当公司面临新的发展机遇和挑战时，能够主动接受挑战，勇于到艰苦的地区，或勇敢开始新产业、新领域，并能提出更高目标，愿意担当更大责任。

第三，愿意与公司共同承担经营责任和风险。不惜抵押财产，购买公司股票，敢于签订业绩承诺与对赌协议。

第四，当公司遇到困难、挫折和危机时，能够立场坚定、旗帜鲜明地与公司保持一致，共同维护公司的整体利益。在危机事件突发之时，即便正在外地度假，也会在第一时间赶回公司，主动请战解决问题，并承担相应的责任。

第五，敢于拍板，敢于担责。领导过某一方面的变革，能带队伍，尤其在一线带过队伍，攻过山头，打过胜仗，并能为公司培养优秀人才。

第六，廉洁奉公。当个人利益与组织利益发生冲突时，能以组织利益为重。位高权重之时，能够坚持以组织纪律为原则，个人不会凌驾于组织之上。

第七，具有全局意识和协同合作精神，是公司文化价值观的率先垂范与践行者。在公司内部，不拉帮结派，不自立山头，不搞小圈子。能正确处理工作与生活的关系。

第八，在解决了基本的财富自由问题之后，能保持饱满的工作热情，将大量精力投入工作当中，并且能够像创业时期那样深入一线，走近客户，贴近基层员工的工作和生活。

第九，对公司的未来始终充满信心，始终能以正能量去影响员工。具有感恩心态，愿意为公司发展持续作出奉献。在待遇上不斤斤计较、讨价还价。

第十，具有自我批判精神与空杯心态，愿意接受新事物、新知识。对自己提出更多要求，能够不断发展和提升自身领导力，并努力追求自我超越。

企业家可以比照上述十条标准要求高管团队成员，高管人员也要按照这样的标准进行自我检视和自我评估。

上述十条按 5、4、3、2、1 五点尺度计分，总分四十分以下要敲警钟；三十分以下，坚决撤换或淘汰。🆔

（注：本文内容根据彭剑锋教授视频号内容编辑）

建组织是一个系统工程，关键在于思考清楚三大命题，厘清三大基本机制及背后的难题，并重点在五个方面用力。

把能力建在组织上的华为实践

■ 作者｜苗兆光

建立组织能力，听起来很美妙，是要把能力建立在组织之上。但是，在思考组织问题的时候要注意三大基本命题，厘清三大基本机制及背后的难题，并重点在五个方面用力。

一、组织的三大基本命题

1. 组织动力从哪里来？

企业在创业之初，其动力实际上来自老板个人。老板凭借自己的意志力，凭借自己的努力，把一干人等攒起来，干好一件事。因为在企业创立初期，能力尚未建设在组织之上，动力只能来自老板的成长冲动，来自他对事业的冲动。而当我们把企业能力建设到组织之上的时候，就要思考动力从何而来的问题。单靠老板的推动，企业既走不远，也长不大。因此，在这个阶段，企业一定要具备一种基本的动力。

所谓的建组织，一定要清楚该把企业动力建在哪里。华为在其《华为基本法》（以下简称基本法）的第一条就指出了华为企业的动力来源是竞争，要把市场竞争的压力传递到组织当中的每一个人，让组织永远处于激活状态。因为市场需要竞争，竞争失败，企业就只能走向衰亡，因此，要把竞争通过内部机制传递给每一个人，这是华为所有内部政策的出发点。一旦将它导入比如人力资源体系，就可以转化为干部能上能下、薪酬能高能低、员工能进能出等竞争机制。

2. 如何突破个体局限？

组织永远存在限制增长的因素，即人的因素，而企业从本质上来说是人的组织。看一家企业正确的顺序是——先看业务，再看组织，再看机制，最后看干部。在考察过程中，如果发现干部不行，组织也一定不会行。

那么，人的局限如何打开？人的局限性是很大的，比如，每个人的能力结构是有局限性的，老板的个人局限如何突破？高管的能力局限如何突破？人性本身也存在障碍，存在缺陷，我们如何判断人的"好"与"坏"？事实上，用好人，人就是"好"的，用不好人，人就是"坏"的。

3. 如何做到大而不散、大而不僵、大而不乱？

在企业体量变大的过程中，参与决策的人越来越多，干活的人也越来越多，这时，离心力会出现，企业就进入不断的耗散状态之中。那么，如何做到大而不散，大而不僵，大而不乱呢？很多人说，做企业难，做大企业更是难上加难。但实际上，企业做大不应该难。我们看到的事实是，与小企业的领导人相比，大企业的领导人往往更潇洒。这说明，做大企业并不需要更累。所以，如果企业在做大的过程当中变复杂，变困难了，一定是在组织方式上存在问题。

二、组织的三大基本机制

针对企业的三大基本命题，再来看看企业有哪些基本机制（见图1）。我们说，如何让企业在做大以后还有动力？它的动力来自哪里？如何让大企业中的每个人都有动力？

1. 利益机制（分钱、分誉、分地位）

当年，有人问任正非，企业做得这么大，您最核心的心得是什么？任正非回答说，就是把"分钱"这件事做好。事实证明，企业的动力来自分钱机制。人的动力首先并不来自企业的使命，

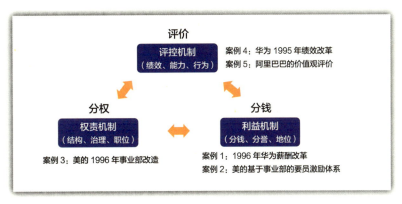

图 1　对应三大基本机制问题

不来自"丰富人类的沟通和生活"等，而是出于基本的养家糊口的需要，它体现于物质生活层面。所以，利益机制才是人的动力机制。当然，企业在做大的过程中，其动力机制会越加复杂。人性决定，人可能会沉浸于世俗的名与利，包括金钱、名誉、地位等，无法超脱。所以，金钱、名誉、地位就是激励因素，而企业的利益机制就是如何分配金钱、名誉、地位的机制，这是企业当中人的动力来源。

2.权责机制（分权，结构、治理、职位）

企业为什么做大了就僵化了？老板整天神龙见首不见尾，忙忙碌碌难得一见。我有一个客户就是如此，每次造访，他们的老板总是要抽时间跟我聊聊。但我每次跟他聊天的时候都如坐针毡，因为他的办公室门口总是会有十来个人在等他签字，让我感觉到在浪费他的时间，所以非常想把重点一次性说清楚。然而每次都是匆匆忙忙，一带而过。这里面的问题是，权力的过度集中大大限制了公司的发展，所以，如何让组织变大、有张力，来自分权，来自权力的下移，即权责机制的确立。要让那些了解实际情况的，有专业能力的人去做决策。

权力和责任如何下移？当老板把权力给予某一个人，对应的责任也要给到他。如果组织体系能够下移到这个程度，企业一定是有张力的。相应地，组织结构、组织治理模式、职位的设计体系都要沿着权责的下移而下移。一位企业家在确立了分权机制之后，一度感觉空虚郁闷。为什么？他将权力、利益下移了，只能把"郁闷"留给自己，因为这时的老板感觉不到被需要了。但事实上，他是真正把这个问题想清楚的人。

3. 评控机制（评价，绩效、能力、行为）

在权责机制和利益机制之后，还有一个难题：人都是有自利动机的，怎么知道干部在使用权力时，是从履行责任出发，还是权力私用？怎么知道在发放奖金时，员工有没有作出相应的贡献？怎么确保干部们在独自决策时，仍然确保公司是一个整体？这就需要建立评价控制机制。

华为大概在 2002 年开始着手进行财经体系变革，想要解决账号统一的问题。在华为，账号统一即统一账目、统一客户、统一费用、统一报销标准。2002 年，华为的营收是 215 亿元。这个时候，各办事处的办事标准不一，记账方式不一，基层财务的管理还很混乱。2002 年还发生过一件事，即任正非发表了《华为的冬天》一文，在这篇文章中，任正非说，要想让动力机制、权责机制有效运行，必须还要有第三个评价控制机制，没有一个好的评价控制机制，对企业来说，分钱、分权都是灾难性的。所以，华为从 2002 年开始，大规模地确立了评价控制机制。

三、机制背后的难题

机制捋顺之后，仍有一些问题不能解决。

我们知道决策通常依据两类前提。一类叫事实前提。比如，能赚钱的项目可以做，不赚钱的项目不能做，这种决策依据事实前提就能做出决定，用财务的方式也很容易推导出来，这类决策很容易进行授权。

另一类决策依据叫价值前提，按照数学的方式推导不出来。一个新产品要推向市场，在产品的成熟度和市场机会之间，我们如何选择？是在市场机会到来时，用不够成熟的产品去抢占先机，边打边完善？还是等产品打磨得非常好了以后再推向市场呢？谁能告诉我，哪条道路是正确的？事实上，这不是一个拥有标准答案的问题。

比如，苹果就不会把不完美的产品推向市场，它宁愿推迟产品发布会，也要在产品面市时，让消费者得到良好的体验。但是有些互联网企业会强调"迭代"，就是先把不完善的产品销售出去，并根据消费者的交互与反馈不断进行改善。这两种思路都没有错，问题在于，企业只能采用其中之一。而当我们把决策权交给不同的人的时候，他们的想法是不一样的，研发可能追求尽善尽美，营销有可能急于抢占先机，这时，**企业如果没有统一的前提，授权之后，必定四分五裂。**

另一个例子是怎样给新员工定薪？是以内部岗位为参照，还是根据市场标准？是本着内部价值排序的原则，还是本着竞争原则？事实上我们会发现，当一个企业只有老板一个人说了算的时候，他可以具体问题具体分析，并根据新员工的反馈，最终得出一个薪酬标准。但是在实践当中，如果由职业经理人来作决策，他没有清晰一致的评控原则，就会制造层出不穷的混乱。

> 企业要统一到一种选择上来，在价值观上统一，才能做到大而不散，大而不僵。

比如，我们采用内部参照的原则为新员工定薪，招聘就会变得特别难，为了尽快招到合适的员工，企业不得不采用市场竞争的原则，结果，同样岗位的老员工不干了，他们认为丧失了公平。这里的问题是，如果任由各位管理人员自己选择，就是会使企业内部的薪酬系统变得非常复杂，很难被管理。企业要统一到一种选择上来，在价值观上统一，才能做到大而不散，大而不僵。否则，企业就没有授权的基础。

企业还会遇到其他难题，利益机制的设计相对容易，但其背后还有无法设计、无法统一的问题。**利益机制必要的前提，就是价值观的统一。**

所谓价值的统一，正是《华为基本法》诞生的基础。华为在1996年的时候，员工人数已高达6000人，组织必须要依靠一群专门的管理人才协同配合，行使权力，组织生产。如果这些人没有统一的价值观，企业非混乱不可。所以，在任正非的设计当中，《华为基本法》就是为管理管理人员的存在而存在的。它的基本定位是，《华为基本法》是华为的价值观体系和管理政策系统。管理政策是企业管理当局以及各部门和各级主管的决策指南和行为准则；是调整企业内外部重大关系和矛盾的准则；是对企业全部价值的权威性分配；是对企业文化隐含假设的明确阐述。企业管理的基本政策，应当能够从核心价值观中演绎过来。

四、组织建设的五个方面，以《华为基本法》为例

我们说，建组织是一个系统工程，它分为五个方面。

1. 针对未来的系统思考

在《华为基本法》中，关于其使命、愿景、追求，有几个核心词。在电子信息领域，是"实现顾客的梦想，成为一流的设备供应商，成为世界级的领先企业"，这是华为在1996年左右，营收仅有26亿元人民币的时候提出来的。根据市场上公开的数据我们发现，同期，诸如IBM、爱立信等世界级领先企业的营收大概是300亿美元。在体量差距如此巨大的时候，华为就能够提出这样一个战略目标，**其重点在于，它首先规定了自己的事业领域。**为什么企业要提前锁定自己的赛道？事实上，能否聚焦于某一个资源领域，往往是一些企业所面临的最大问题。

资源分散是企业的大忌，这并不是说企业不能向多个业务领域发展，而是在于，企业在什么规模、什么体量上，能进入

多宽的领域，是存在因果关系的。所以，华为当年的自我约束，就是不想分散管理人员的注意力，因为这实际上是企业最重要的资源。管理人员将大部分精力聚焦于少数的业务，事情才能做好。

华为在《华为基本法》对价值观也作了规定，这是系统思考的另一重要内容，具体内容网上都有，这里不赘述。

2. 战略的路径和原则

《华为基本法》中所谈的战略，与BLM战略模型不同，它确定的是战略原则。

一是战略目标的设定。华为在《基本法》中明确规定，华为要在四个领域设定长期目标。第一，质量。第二，人力资本。它明确提出华为人力资本的增值要高于企业资本的增值，高于财务资本的增值，所以要求在人力资源领域设定目标。第三，要在核心技术方面设定目标，一定要实现技术领先。第四，对利润设定基本目标。这是华为长期战略目标的四个领域。

华为之所以在这四个领域设定目标，因为它们是在行业里赢得长期竞争的关键环节。但因为每一个企业的本质不同，因此参与长期竞争的要害是不同的，所以，在哪些环节设定目标需要得到特别注意。

二是华为的战略路径和原则。对于华为来说，第一，提出了三个"有利于"原则：核心技术、资源综合优势、整体扩张。即当一个机会在这三个方面有利于公司积累的时候，比如，有一个业务有利于企业核心技术的积累和放大，有利于资源的综合优势，并且对其他业务能起到带动作用，利于整体扩张。也就是说，一个新业务并不是"另起一行"，而是能够与原来的业务保持整体性，它才会进入。

第二，提出了三个"顺应"原则：技术趋势、市场趋势、社会趋势。一个新业务或者一个新领域，要顺应这样三个发展趋势，否则就不适宜选择。

第三，动力环。企业动力的逻辑闭环包括机会、人才、技术、产品，这是企业成功的四个关键要素。但是，企业要从哪里着手进入这样的闭环？多数企业都在强调人才，华为也一样。它对人才的基本假设是，人才不是被选拔出来的，要在机会当中锻炼成长。企业应当给予人才以适当的机会，让机会来检验和牵引人才的成长。

第四，成长条件，即在合理利润下增长速度的优先，超过竞争对手和行业的速度，成为领先者。

第五，管理是战略的一部分。到目前为止，华为是唯一一家把提高管理水平作为战略的一部分进行体现的企业。华为并没有描述具体的战略，却定义了战略的出发点以及如何定战略的问题。

> 企业动力的逻辑闭环包括机会、人才、技术、产品，这是企业成功的四个关键要素。

三是对公司成长的要求。比如，成长领域"第十二条"：我们进入新的成长领域，应当有利于提升公司的核心技术水平，有利于发挥公司资源的综合优势，有利于带动公司的整体扩张。顺应技术发展的大趋势，顺应市场变化的大趋势，顺应社会发展的大趋势，就能使我们避免大的风险。只有当我们看准了时机和有了新的构想，确信能够在该领域中对顾客作出与众不同的贡献时，才进入市场广阔的相关新领域。

再如，成长的牵引"第十三条"：机会、人才、技术和产品是公司成长的主要牵引力。这四种力量之间存在着相互作用。机会牵引人才，人才牵引技术，技术牵引产品，产品牵引更多更大的机会。加大这四种力量的牵引力度，促进它们之间的良性循环，就会加快公司的成长。

还有第十四条、第十五条、第三十六条、第三十七条等，都讲的是对公司成长的要求。

四是经营思想。第一，技术和质量突破以摆脱低层次竞争。第二，多元化仅围绕资源共享展开，抵御诱惑，避免分散。这意味着，企业要进入新的业务领域，一定要站在资源共享的角度。第三，选择大市场。华为认为，大企业是由大机会成就的，大机会来自大市场，所以，市场规模不够，一定不会产生大企业。第四，严格控制进入新领域，要抵御进入新领域的冲动。第五，规划外项目用内部创业形式。第六，高投入取得产品技术和性价比优势 + 大规模席卷式营销，这是华为核心的经营模式。第七，压强原则。对华为来说，在必须要做某一件事情的时候，一定会找准里面的关键成功要素，并在这个地方高于竞争对手进行资源投放。华为提出，要以 1.7 倍的资源投放于关键成功要素之上，这个数字来自《战争论》当中的蓝契斯特法则。第八，对外合作。华为认为，必须要学会借船出海。第九，终身服务和服务网络。华为认为，在产品和质量还略逊于市场要求的时候，必须首先以服务赢得客户的尊重。第十，顾客满意度是一切工作的准绳，一切围绕着客户满意展开。

五是商业模式。所谓商业模式就是业务构成。作为一个产品型公司，华为业务构成非常简单，只有研发、营销、生产和服务四个环节。

这四个环节，简单地说，就是围绕着客户需求制造产品，并把它卖出去，这二者之间的网络畅通，并实现端到端的交互。最后是在产品交付以后，不论质量是否存在瑕疵，都要通过服务实现良好的客户体验。《华为基本法》对这四个环节的阐述，都是基于大量的讨论形成的。

3. 华为的组织治理

这些年流行谈组织，但对组织应包括哪些范围，从来没有一个明确的定义。华为将一些概念明确了下来。

一是组织治理范围。华为的组织治理范围包括了组织结构、职位系统、管理者、高层组织、控制体系和流程体系。

二是组织设置方针。强调五个"有利于"：强化责任、快速响应市场、协作效率、促进优秀人才脱颖而出、培养未来的领袖人才。

三是组织结构。华为对组织结构的定义包括——设立原则：确保华为是一个整体，战略决定结构，一定时期内相对稳定；业务扩张取决于组织的有效性，组织扩张取决于干部队伍素质和控制力；矩阵制结构运行机理；高层管理组织；八大控制体系：全面预算、质量控制、成本控制、业务流程、审计监督、文档体系、项目管理系统、危机管理。

其中，华为明确了自己的组织结构是矩阵式的。应该说，我们所知的任何一种组织结构都存在局限性和危险性，那么，华为是根据什么选择了矩阵式的组织结构呢？任正非在骨子里对山头主义保持着警惕，任正非曾经提出，企业里面有山头主义、本位主义、腐败、惰怠四大顽疾。而矩阵制是一种集权结构，它使每一条线都没有绝对的权力，必须统一于最高目标，其他措施都要建立于总体结构之下。

矩阵式组织结构的缺陷是什么？山头主义顽疾违反了管理上的最高原则，即统一指挥原则，而矩阵制的最大顽疾是多头领导，所以，它实际上也违反了统一指挥的原则。如果不解决多头领导的问题，这种组织结构就是一种灾难。要解决矩阵式组织的难题，必须实现横向协同，尽量减少垂直角色，所以流程化是矩阵式组织的一个前提条件。鉴于此，华为一直致力于IT的流程化建设，因此，其组织体系具有整体性。

组织结构与企业的选择息息相关。而且，**华为对管理特别重视，如果管理者不能把复杂的流程和资源协调起来，对矩阵制的驾驭难度就会变得特别大**。因此，华为对管理队伍，对高层控制力的要求也特别高。

当然，在《华为基本法》中，也包括事业部制的确立，但是在后期被淡化了，华为并没有真正运行过事业部制，因为任正非非常反对，他认为事业部制很容易滋生山头主义。但是，《华为基本法》作为华为企业的根本法，当然不宜变来变去，所以，就没有再动。

同时，任正非也特别强调组织的整体，战略决定结构，一定时期内的相对稳定，所以，华为的组织结构，其内部的机理，原则性是很强的。很多企业对组织结构和人事的调整很随意，甚至每个月都要进行，这非常不可取，它使企业内部失去了稳定感，使规则难以稳定下来。

业务扩张取决于组织有效性，组织扩张取决于干部队伍的素质和控制力。华为认为，组织业务的扩张速度不能超过组织的承受能力，因此从 2009 年开始，在即将超越爱立信的三年，华为刻意放缓了收入的节奏。现在，有很多企业非常反感"控制"一词，其实，要想组织成为一个整体，控制是无法回避的。美的也有五大控制体系的提法。

> 业务扩张取决于组织有效性，组织扩张取决于干部队伍的素质和控制力。

四是职务。设立原则为范围足够大、强化责任、减少协调、提高任职挑战性和成就感、权限集中。还有管理者的三项职责。华为规定了职务设立的原则，尤其包括管理者的职位如何设立。

4. 华为的人才队伍建设

关于人才队伍的建设，在《华为基本法》中所占篇幅位居第二，仅次于"组织"。华为企业未必是最强的，但是它强调的可持续成长，最终是依托组织和文化形成的。而组织文化的直接载体是人才队伍，因而，华为在《华为基本法》的人力资源模块，开宗明义地提出了人才队伍建设的目的是"可持续成长靠组织建设和文化建设，组织和文化建设的载体就是干部队伍，人力资源管理的根本目的是建立一支高素质、高境界和高度团结的队伍，创造人才脱颖而出的机制"。

在人力资源管理的基本准则中，华为提出了"公正、公平、公开"三条原则。这些提法，具有教科书的水准。但是，这还不代表华为真正的水平，在员工的权利与义务当中，华为提出，员工有三大义务：一是讲贡献；二是遵守职责间的制约关系；三是实事求是地越级汇报和便宜行事。员工的四大权利：一是咨询权；二是申诉权；三是建议权；四是保留意见权。这是真正体现《华为基本法》的水平之处。

华为在人力资源领域，还有一个重要的内容，即对员工的假设。华为对员工的假设有明确规定：一是绝大多数人愿意负责、愿意合作、高度自尊和有强烈成就欲；二是金无足赤，人无完人；三是态度和能力体现于工作绩效；四是失败铺就成功，但重复犯错不应该；五是管理者应当对员工绩效承担责任。基于这样的假设，对员工就能赋予更大的责任，并侧重于尊重、激励和提拔，使之形成高度的自尊和强烈的成就感。在企业把所有认可与激励手段都运用得很好的情况下，依然不能形成高绩效的员工就可以淘汰了。所以，**企业要选择符合自身假设的人。同时，因为金无足赤，人无完人，所以要用人之长而不是用人之短。对于企业而言，这也是一个非常重要的逻辑，也符合德鲁克的理论。**包括领导人、管理层在内，都要了解自身优势，找到发挥这个优势的位置和方向。

那么，什么是态度和能力体现于工作绩效？企业在评价人的时候，往往会从态度、能力和绩效三个方面进行考察，但是对于华为来说，态度和能力最终是通过绩效表现出来的，所以这两点无须关注。最后是，下属的绩效不好，管理者要承担责任，这一点非常重要，也是华为理念的优异之处。《华为基本法》规定，管理者不能将失败的责任推给下属，即便事实果真如此，也不能成为理由，必须对他的最终绩效承担完全责任。还有，华为要求员工的基本责任之一是"成就上级"。在华为，如果某一个部门的绩效不好，绝对不会把一把手撤了，把二把手提拔上来，就是防止副职为了自己升职不配合正职的工作，这是华为对团队绩效的强调。团队绩效不好，负责人就地免职，继任者一定是从高绩效的团队调过来的，不会提拔副职，因为他也有"成就上级"和保证团队绩效的基本责任。除非是在特别艰苦的地区可以例外。

再一个是人力资源的主要规范，包括考评、招聘和录用、解聘与辞退、报酬与待遇、晋升与降格、职务轮换与专长培养、开发与培训等，基本上涵盖了人力资源管理的所有模块。比如，华为的考评体系如何建立？包括哪些内容？招聘重点考察哪些方面？解聘的条件与原则等，对人力资源方方面面的职能都做了强调。

最为与众不同的亮点在于华为的"接班人"制度。一般的企业强调接班人，都是在强调老板的接班人，似乎"接班"只发生在企业最高领导人的位子上。但是华为假定了每一个人在未来都是不称职的。因为我们知道，把一个人任命到某一个职位，都不是基于过去，而是基于未来任命，要实现的是未来目标。而基于未来要求人，每个人最终都会是不称职的。所以，《华为基本法》非常清晰地阐述了它的接班人计划，强调了每一个职位都要为未来培养人才，进而强调的是"集体接班"。

华为的人力资源体系一直到现在也没有大的变化，其人力资源管理纲要中仍然在强调这些内容。但它也不是一成不变，比如对公平公正的认识，过去与现在是不一样的。早期，华为强调结果公平，一个学历相当，能力相当的人，在不同的岗位工作，应该有大致相同的结果。后来，华为强调程序公平，因为结果公平是很难做到，很多时候会发生偏差，所以要转向程序公平。华为的用人机制和评价机制是不折不扣的程序公平，在提拔干部的时候，在几个候选人中间，要经过几个程序来任命，必须是集体用人，集体讨论干部。再后来，华为又强调交互公平，因为程序有时候也很难达到完全的公平，因此在决定员工自己的事情的时候，要让他个人也能参与进来。所以，现代企业都在强调参与感。这是在不同的时代随着企业认知的整体提高，对同一个概念的不断修正与提高的过程。

此外，华为还强调，不实行终身雇佣制。当然，不实行终身雇佣，不代表不能终身为华为工作。

5. 利益机制

《华为基本法》中，最后一个比较大的篇幅是利益机制，它包括这样一些要点。

一是华为主张在顾客、员工与合作者之间结成利益共同体。这是华为价值分配体系的基本逻辑，在利益共同体的基本上，各自实现了哪些价值，随后如何进行分配。

> 华为对生产要素做了严格的定义，认为企业家、知识、资本、劳动都是价值创造的元素。

二是努力探索按生产要素分配的内部动力机制。华为对生产要素做了严格的定义，认为企业家、知识、资本、劳动都是价值创造的元素。尤其是知识，在华为看来，这是一个特别重要的元素，所以在利益分配上会特别向作出知识贡献的群体倾斜。

三是决不让雷锋吃亏，奉献者定当得到合理的回报。华为分配体系有两种思路，第一种是获取分享制，有获取就有分享，不获取就不分享；第二种是战略悬赏制，即公司要完成一个战略任务，此前多年这个战略任务一直是失败的，但是每年依然要为其分配资源、资金，补充到这个战略任务上，这叫战略悬赏。最近，任正非又提出了一个说法，即回溯分享制。他认为，现在的环境越来越不确定，有些机会是在激烈的竞争中产生的，这在组织的分配机制里很难预先设定。

　　四是华为可分配的价值，主要为组织权力和经济利益。其分配形式是：机会、职权、工资、奖金、安全退休金、医疗保障、股权、红利，以及其他人事待遇。华为实行按劳分配与按资分配相结合的分配方式。

　　五是效率优先，兼顾公平，可持续发展，是华为价值分配的基本原则。华为对员工的教育也是如此，是基于效率优先的。

　　六是按劳分配的依据是：能力、责任、贡献和工作态度。按劳分配要充分拉开差距，分配曲线要保持连续和不出现拐点。股权分配的依据是：可持续性贡献、突出才能、品德和所承担的风险。股权分配要向核心层和中坚层倾斜，股权结构要保持动态合理性。按劳分配与按资分配的比例要适当，分配数量和分配比例的增减应以公司的可持续发展为原则。

　　七是工资分配实行基于能力主义的职能工资制。"蛋糕"怎么切，这是一个很重要的工作，在华为，表现为基于能力主义的职能工资制。

　　总的来说，《基本法》是以管理人员从事管理和建组织为目的的，不重视管理和组织的企业无须设立。《基本法》是管理者的"武器"，是行使管理职责的重要依据。🔲

　　（注：本文内容首发于华夏基石 E 洞察微信公众号，经作者授权编辑刊发）

一个企业要想发展壮大，新业务、新的增长极或新赛道的成功开辟确实是企业必须跨过的一道坎，必须跃迁的一条鸿沟。

跨越新业务鸿沟，
实现新增长的八大原则

■ 作者 | 陈明 华夏基石集团副总裁，华夏基石产业服务集团联合创始人，
　　　　战略与组织专家

近些年在服务企业的过程中，笔者发现大多数老板都焦虑一个问题：主航道发展虽然不错，但其增速已经放缓了，如何发育新业务，开辟第二跑道，寻找另一个增长极？在当前不确定的经济环境下，这个问题颇为紧迫，也颇为愁人。很多企业苦苦探索而不其法，踩了无数"坑"，苦中作乐地戏称为"总在上'交大'，毕不了业"（交了很多学费，但还是没有成长，没有找到可行的办法，新业务拓展成效不明显）。

一个企业要想发展壮大，新业务、新的增长极或新赛道的成功开辟确实是企业必须跨过的一道坎，必须跃迁的一条鸿沟，尤其是当企业成长到一定体量规模的时候。

根据近几年成功辅导这类业务的经验，笔者对其进行了系统的提炼和总结，以期读者朋友少踩一些"坑"，少交一些"智商税"。

在进入正文之前，先来厘清几个概念。本文所指的"业务"，是指为了把产品和服务销售给客户的一组活动；"赛道"一般是用于行业和领域分类，也用来形容一个行业或领域内的竞争关系。

一、理解新业务：不是所有的新业务都叫"第二增长曲线"

企业的经营管理必须聚焦到围绕客户开展有效的业务活动上。业务活动有效与否事关企业的生死。任何一个业务都有生命周期。客户的"欲望"无止境，并且是变化的，加上渠道、竞争等诸多方面因素，导致任何一个业务都具有一定的"寿命"，不可能出现"一劳永逸"的业务。一家要想活得长久的企业必须基于时间对业务有个短、中、长期的规划，用现在比较流行的话来说，这就是所谓的现实业务、种子业务或战略业务。如果从增长的角度来说，可以理解成第一增长曲线、第二增长曲线等。

企业的方向大致确定了（赛道基本确定了），其产品与业务基本定型了，并在市场中得到认可，客户的订单开始多起来了，企业开始回收资金，具备了造血功能，进入了良性循环，此时可以说企业基本活下来了。接下来的事情就是必须集中精力和资源应对大规模业务运作，尤其研产销的协同，或平台的大规模放量。在这个过程中，企业模式必须实现从产品经营转换成企业经营，也就是企业要发育职能，形成自己的核心能力，形成自己的可持续、可复制能力。这样企业就由小到大开始成长起来了。很多企业这时候就开始"迷茫了"，开始不聚焦了，型号、产品线开始多起来，甚至全产业链布局，往往陷入一种"力小任重"的窘境。

我们说的新业务不是"小打小闹"，给产品增加一点功能，做一点差异化等，这些算不上新业务，充其量只是多一个型号或产品线而已。新业务必须有规模。比如，笔者服务过的一家企业，已经做到了 300 亿元的销售规模，同时市场也在逐步扩大，已经做到了全球第一。这时候客户选择的某个新业务，如果做到第一名也只是以十亿级来论的话，实际上是没有意义的。新业务的全球规模必须和现有业务的体量规模至少相当，这样的新业务或第二增长曲线才有意义。

很多优秀企业在发展过程中会提"再造"的概念——"再造一个某某企业"（可能也伴随流程再造或模式再造），实际上一个新业务的发展至少要达到现在企业的规模量，旗鼓相当，或至少是同一个量级，才有意义，这才能说是"再造一个企业"。企业只有从大局的角度，经过相对深入的思考，赋予"再造"特定的和相对明确的含义，这样才能确保举全公司力量推动企业转型升级的成功，促使企业发展更上一个大台阶。

这里要强调的一点就是，企业在发展中尽量不要随便启动新业务，除非你的业务已经做到行业数一数二了，没有精进的空间了。很多企业规模上不来的原因就是产品线或业务线做的太多，每个规模都差不多，但离单项冠军却差得远，白白把宝贵资源分散掉，也没有给企业带来实质性改变，这样的企业最终是缺乏竞争力的。

> 企业在发展中尽量不要随便启动新业务，除非你的业务已经做到行业数一数二了，没有精进的空间了。

当然也会出现这样一种情况，即开始并不知道哪个新业务前景广阔，谁也不能准确预测。比如，20世纪四五十年代计算机刚刚面市的时候，许多专家预测全世界只需五台计算机就足够了。根据产业史来看，很多新产品刚上市的时候，并不清楚市场在哪里，但随着工程技术、材料等的进步，其造价越来越便宜，市场越来越大，大得出乎意料。针对真正创新的业务，我们尤其要注意，我们可以设计多路径、多梯队的团队来突破，因为不知道谁能跑出来，"赛马机制"还是必要的。有关这一点本文在后面还有论述。

二、何时启动新业务："10年后公司必须要淘汰3/4现有产品"

何时启动新业务？这是在很多企业中引起争议最大的问题。中国的中小企业大多数存在这种情况，业务线过多，不聚焦，分散了宝贵的资金资源以及稀缺的管理精力，难怪企业做不大。

关于新业务的启动有两类情况。一类情况是冲动型，公司有上新业务的冲动。大多数中小企业都有上新业务线的冲动，公司规模不大，却有好几条业务线，尤其公司账户上有钱的时候（如上市募集了钱）。另一类情况是老板对市场比较敏锐，善于捕捉商机，加上他们接触面广，消息灵通，公司账上也有钱，就认为到处都是赚钱的机会，而旁人知道你公司账户有钱，都会非常"乐意"给你推荐新业务，描绘一幅赚钱的广阔前景，但绝大多数都是"大坑"。很多老板，尤其一些上市公司老板都在这个方面有"痛苦的领悟"，"交大"毕业后才幡然醒悟还是要聚焦主航道。

但事实上企业的每个业务都有生命周期，新业务必须培育，公司必须适时开拓自己的第二增长曲线。**在企业实践中，何时开始布局自己的新业务最为关键，时机很重要。**笔者发现一些优秀企业的做法值得借鉴。

现有业务的市场规模快速增长的时候，自己公司的主营业务按照"翻番"的速度在增长，这就意味着市场肯定要发生变化，此时就是布局新业务的好时机。俗话说，"天晴的时候修屋顶"。公司需要做到业务结构的平衡，也就是新业务和相对成熟业务的平衡。一般既要尽最大可能收获现有业务的市场红利，又要布局新业务赢得公司的未来。一般以5~8年为一个周期来规划一个新业务，也就是5~8年后这个新业务要能成为一个顶梁柱。

还有一类情况也是比较普遍，创业之初，公司为了探索启动了多条业务线。笔者与这类多业务线的中小企业老板进行过深度交流，普遍的一个观点就是，技术专家创办企业最难的就是不知道真正的市场在哪里？也就是不知道方向大致在哪里？一开始并不知道哪个是主航道，只能开辟多航道，采取试探的方式。**一旦试探出来主航道，就需要聚焦了，**但大多数老板普遍"舍不得"砍掉这些试探性业务，因为这些试探性业务一方面也有客户买单，另一方面它从企业创立之初陪伴成长，有感情了，说停掉就停掉，还真不是那么容易。尤其是创业时靠这个业务赚取第一桶金的，就更难割舍了。

三、谁来做新业务：不要押宝在某一位"新来的牛人"身上

很多名头很大的企业创新业务一直发育不起来，其实不是没有机会，关键是人找的不对。笔者在服务企业过程中，经常会碰到一个"大坑"——新人做新业务。这就好比赌博，大概率会输。

很多老板把这个问题想得比较简单，总想到时候招一个牛人来做总裁或帮助公司把新业务发育出来，这种情况下做不成的概率极高。那么，谁适合做新业务呢？做新业务的领军人物一定是高度认同公司文化，并且能力得到验证的人，这种人具有一定的企业家精神。一句话来说就是能力得到证明，并且获得老板真正信任的人。

新业务具有一定的开拓性，从0~1开始，面临很多不确定性，需要发扬企业家精神，突破资源约束，奋力拼搏。他要具有成长思维，想办法把事情做成，而不能有"有多少米就裹多少粽子"的思想。这种人需要发挥主观能动性，在精神层面要有很强的奋斗精神，善于"无中生有"，具有较强的综合能力。创新业务一定是企业现有人才当中最优秀的来做。必要的时候，老板都要亲自"领军"上战场。否则创新业务拓展只能停留在嘴上、会议上或文件中，实际成效肯定不佳，白白贻误战机，错过了"机会窗"。

新业务的拓展一般采取试错并不断迭代的方式。其业务发育不"成形"，大多数时候还比较"丑陋"，充满质疑和争议。如果用相对成熟业务的管理手段来管控新业务，实际上就是"负担太重"。这就好比让年幼的孩子肩负一百斤重担前行，这样做的话，新业务大概率会"夭折"。对新业务的管理就要放开手脚让他们自己去跑，背后进行必要的资源支持，并赋能他们。

在关键的时候，老板还要"力排众议"，力挺新业务团队。这些只能依赖两个字——"信任"。如果内部没有这样的领军人物，老板就得"卷起袖子"自己上。

新业务发育必须引进人才的话，"胜算"大一点的办法是什么？最好把整个团队一起引进，"承建制"地引进，这个团队曾经有过成功的实践。但这个团队中必须安排有自己的"熟人"，同时必须设计机制来激活他们。比如，采用事业合伙人机制，尽量少用管理手段。此外还有一点也很重要，企业必须能赋能到新业务。总之一句话，"新团队、新机制、新办法"，有的企业甚至从物理上进行"隔离"，让新业务办公室都远离"旧都"。但风险控制还是必须有的。

现在投资界有一个说法，团队优于赛道。赛道再好，如果团队不对的话，还是没有用。团队不错的话，迟早能成事。

> 投资界有一个说法，团队优于赛道。赛道再好，如果团队不对的话，还是没有用。

四、新业务管理层次及架构：管理层次尽量高一些，资源下放尽量低一些

很多企业在发育新业务的时候，有一个问题总是没有引起足够的重视，就是新业务的管理层次的问题。很多公司新业务发育不起来，大多数是因为新业务板块的管理层次比较低，放在事业部、产品线或分公司等层面进行管理。这些部门一般承担短期利益的责任，而新业务属于中长期利益。让一个部门既负责短期利益，又负责长期利益。部门负责人总是会被短期利益的事情牵涉太多精力，而新业务的有关决策总是排不上负责人的日程表，因为不着急啊！明日何其多！有关新业务的事情总是为紧急的短期利益的事情让路！

新业务的管理层次尽量高一些，一般至少有一个高层管理者专职负责新业务，对公司未来成长非常关键的新业务甚至可以由最高负责人直接管理。有的企业设立新业务的"绿色通道"，新业务有关决策事项优先快速直抵核心决策层。

新业务的架构设计也是有"讲究"的。**组织方式要尽可能把资源"下放"给新业务，其逻辑是基于"信息"的组织方式，尽可能形成闭环。**很多企业的新业务做不起来，一开始就需要协调，是个类似"矩阵"的组织方式，理论上主要的部门都会派人来参与，但它需要协调，比较复杂，信息不能形成闭环，无法进行快速迭代。

新业务采取闭环的组织方式，叫作"纵向打穿"，最大好处就是反应速度比较快，便于快速试错、快速迭代，比较适合数字时代的要求。但也可能会存在一定程度的资源浪费，所谓"速度"大于"经济"。等到新业务做起来了，并形成了一定规模的时候，才考虑"横向拉通"，形成平台化组织形态，这时候资源集约化使用是重点，其关键是资源的效率问题。

这一点新业务的探索者们尤其要注意。

五、资源配置：普遍撒网重点捞鱼没错，关键是捕捉住"机会窗"

数字时代，针对新业务的资源配置也与工业时代不一样，呈现出符合数字时代的特征。

工业时代，确定性相对比较大，变化比较缓慢，呈现线性变化关系，是"有迹可循"的。在战略机会点或关键环节采取"聚焦"战略，实施"压强"原则，"针尖顶破天"。

但在数字时代，整个时代处于不确定性，事物的变化处于加速度状态，好像"忽如一夜春风来，千树万树梨花开"。"黑天鹅"事件经常发生，"跨界打劫"似乎成家常便饭，事物走势更不太好把握。谁也不知道哪个新业务能"跑"出来，针对新业务的资源配置，开始时只能采取"撒胡椒面"的方式，但随着确定性增强，资源需要逐步聚焦，哪个业务赢面越确定，资源也就越聚焦，甚至"饱和攻击"，让新业务早日投放市场，抢占机会窗，获取机会窗内的相对高毛利。有的大企业本身资源比较丰富，针对具有战略意义的新业务采取"多路径，多小组"的形式，齐头并进，内部"赛马"，良性竞争，一旦谁有"冠军相"，就把其他团队并到一起支持"冠军组"全力向前冲锋。

新业务处于不同阶段，对人力资源要求是不一样的。根据曾鸣教授的划分，新业务处于0~0.1阶段，此时对人力资源质量要求比较高，不在于数量，换句话说，就是要求具有企业家精神的"牛人"领衔进行探索。当新业务进入0.1~1阶段的时候，战略开始"收敛"了，此时需要抱团打天下，形成核心团队。

新业务处于1~10阶段，新业务处于放量的"前夜"，需要构建组织力量，只有依靠大组织力量才能把握市场大机会。此时需要会建组织的"牛人"，否则一旦市场起来了，尤其是大赛道形成的时候，一些"大块头"就会蜂拥而至，凭借着强悍的组织力量收割市场红利，如果企业由于组织资源不够或能力跟不上，"起个大早，赶个晚集"，为"大块头"做了"嫁衣"。尤其现在的机会窗口期变短了，这种现象更明显。如果一家企业不能在机会窗内形成"席卷之势"，即使你踩到风口，也基本没戏。

中小企业很不容易，一旦市场起来，中小企业很可能因为没有庞大组织资源，而无法去收获大市场的果实。数字时代就是这么残酷。大企业具有侵略性，所到之处"寸草不生"。中小企业的生存空间就是要选择"鸡肋市场"——"大块头"不感兴趣，"小家伙"们做不了。

有一点必须强调一下，很多时候，新业务探索成功，反而使得企业陷入"危险境地"。这是为什么呢？因为新业务成功面市了，要想乘胜追击，需要"消耗"更多的资源，此时企业必须进行更大的投入，并且在较短的时候内形成较大的投资密度，同时伴随着组织力量的打造。否则，你就把握不了这个"巨大的商机"，"白忙活"一场。正如上文所说，你为别人把市场打开，但最终的赢家不是你。好比你种树，别人摘了果子。这也是一种成功的"陷阱"。

新业务发育要发挥创业精神，很多时候成功是逼出来的。新业务一开始投的钱太多，也可能是个"坑"。创业的时候钱太多了，可能会"腐蚀"创业团队奋斗精神。

六、赋能：平台的作用日益凸显，关键是真正实现共享

新业务要想茁壮成长，必须给它们赋能，平台的作用日益凸显。"白手起家"虽然很励志，但却越来越难了。

"赋能"现在变成一个热词。何为赋能呢？必须要理解清楚赋能的本质内涵。回到商业社会的角度，从企业层面来看，赋能主要指提供资源和知识，并让资源和知识统一于业务拓展，统一于服务客户。根据管理大师德鲁克的观点，知识是有价值的信息。经营客户从本质上讲就是经营知识。企业不是知识的"搬运工"，而是知识的加工创造者。

> 经营客户从本质上讲就是经营知识。企业不是知识的"搬运工"，而是知识的加工创造者。

如何为新业务赋能呢？一般来说，新业务的拓展面临"三缺"，缺钱、缺人与缺客户。赋能新业务涉及品牌、资本、人才、市场等要素及管理机制（有效组织起来，并不断匹配业务的发展），原有企业或平台提供背书，以及知识的共享。

第一，原有企业的"背书"是一种赋能，本质上是给市场提供一种信息，便于被客户和合作伙伴了解和识别，降低契约风险，有利于资本市场和人才市场。能不能对产品市场提供"背

书"的这个问题稍显复杂，这和市场定位有关（沿用原有品牌，还是自创品牌？），此处不做重点分析。

第二，共享知识、技术／产品、客户等方面的赋能，本质上就是一种知识共享和创造。新业务和企业或平台是一种什么关系？第一种关系，共享客户、共享渠道（渠道也可以理解成客户）的关系。这种共享，也是一种共享知识，就是深刻理解和真正把握客户的痛点，为客户创造价值。万物互联时代，有一种特别重要的共享，就是数据共享，这种共享也就是非常重要的赋能。俗话说，给新业务导流量。第二种关系，共享技术／工艺等，这个从根本上讲，是一种知识共享。

第三，人才的赋能，其实体现文化上统一和知识共享等。

第四，物质上共享，这个也可以理解成赋能，比如，物理空间、产能设备、工程工艺等共享。

这些给新业务的赋能，其实就是降低风险，有利于新业务的从生到长，提高新业务的成活率。

七、管理政策：设置基本原则，注意动态调整

新业务的管理一直是一个实践的难点。笔者归纳和总结了一些优秀企业的做法。

第一，复盘。企业决策层在决定上马新业务之前，一定要讨论新业务的目的、目标和期限，并要达成共识。在每个关键点，决策层都要对照新业务的实际进展与预期进行复盘和修正。如果新业务实际进展与预期相差较远，并在规定的时间内没有突破的话，就要果断终止新业务，或者及时止损等。

第二，严格原则。如果这个新业务进展得太差，决策层决定停止新业务的拓展，可能不会引起争议，或者新业务进展无望，也比较容易做决策。最怕出现这两种情况：一种情况是不温不火。另一种情况，总是给人感觉差一点点就成功了，似乎再给点时间，再增加一点点投入，新业务就有希望。这两种情

况往往会引起决策层的争议与分歧。

针对这两种情况必须设立关键里程碑节点和期限，达不到要求的，必须果断做出关闭的决策。这类项目会引起企业的"失血"，一个好端端的企业会被这类项目拖累到危险境地。

第三，后悔原则。每隔一段时间，核心决策层针对新业务的成长情况，问一个问题，如果这个新业务放在当下，投还是不投？如果回答是否定的，就要立马有行动，进行"善后"处理。但有一条必须保证，不能再投入资源了，包括资金和稀缺的管理资源，一定要释放优秀人才，投入更有成功把握的关键环节中。

新业务的管理关键在于根据不同阶段采取适合这个阶段的管理手段。比如，0~1阶段，新业务处于探索阶段，还没有成形。此时管理的重点，就是考核关键事件或里程碑节点。当市场处于快速增长的时候，其管理考核重点就是市场占有率，侧重于收入规模。当市场规模增长放缓或见顶的时候，此时管理考核的重点就是人均效率，追求有质量的增长。

这里重点讲一讲激励政策，笔者在服务企业过程中，经常被咨询到的一个问题就是新业务团队的薪酬怎么定？一般采取短期加长期激励相结合的办法，每个月发放的薪酬基本上保持在平均水准，如果薪酬标准定太低的话，不利于吸引优秀人才加盟到新业务中。**中长期激励主要有两种方式，一种方式体现在股权期权上；另一种方式是采取追溯制，等到新业务做成立后，再采取一种反补机制，弥补一下新业务团队前期现实收入较低的部分。**新业务团队的激励政策是鼓励大家向前冲，新业务做成了，其团队必须获得不错的总收入，只不过在一定时期内拉通了来考虑。新业务团队的薪酬必须有竞争力，否则很难吸引优秀人才来做新业务，没有优秀人才加盟，新业务的成功率肯定不会高。

八、处理好新旧业务的关系：本质上是老板革自己的命

新旧业务的关系处理也是实践中一大难题。

1. 新旧业务协同

这个必须从机制设计来保障。一般来说，新业务的前期拓展都有一个投入期，"赔钱"的比较多。这就需要相对成熟的业务"输血"。很多公司在设计新业务顶层的时候，旧业务的"势力"应该占有一定的股份，即使新业务的拓展烧的是投资人钱。其中道理，比较容易理解。因为新业务需要旧业务的支持协同、公司的背书等。否则的话，就会给人感觉新业务和旧业务没什么关系。

2. 新旧业务平衡

如果新旧业务是一种"左右互搏"关系的话，最难处理。什么叫"左右互搏"？新业务要革旧业务的命，企业（企业家）自己颠覆自己。大多数企业处理这种关系都不是很成功，**革自己命最难，难在利益取舍**，极大地影响了公司资本市场的表现。这就是产业史上最著名的"创新者的窘境"，绝大多数行业是被"小人物"或"边缘人物"颠覆。但也有少数企业创造奇迹，站在"浪潮之巅"，比如，个人电脑时代的 IBM 公司。

在技术浪潮来临的时候，一定要独立出新业务团队，用不同人和不同机制全力推进，容忍短期利益受损。切忌犹豫不决、半途而废，不果断、纠结过去。

聚焦
CHINA STONE ▶▶

　　主导企业数智化转型并引领行业发展，企业家并不需要精通业务和技术，但要有很好的哲学思维，从价值即 WHY 出发，看清数智化的本质即 WHAT，懂人性，有鉴赏力。

——欧阳杰

一即一切，一切即一

——老板视角的企业数智化转型全指南

数智化转型是近年商界炙手可热的潮词，基于推动主体，我们可从技术、业务和企业三个视角来考察或把握数智化。

技术视角下的话题，包括"云大物移"或ABCD（A 是 AI，即人工智能；B 是 Blockchain 即区块链，C 是 Cloud 即云计算，D 是 Bigdata 即大数据）以及由此引致的系统与应用等，典型载体有 ERP、MES、PLC、BI 等，主要由 CTO（首席技术官）、CIO（首席信息官）和 CDO（首席数据官）主导；**业务视角**强调用数字技术创新产品和提质增效，主要话题有数字主轴、敏捷开发、智能工厂、智慧供应链、数字化营销等，主导者多为主管研发、营销和供应链等核心业务的副总裁；**企业视角**的主要议题包括企业在数字化时代下的生存、发展、演进与跃迁，以及由此导出的组织与人才的数智化转型，其主导者只能是企业一把手，因为组织是老板心性的外显。

有人说，在数字化时代，不推进企业数智化转型相当于"等死"，没想清楚就跟风与冒进是"找死"。于是，很多企业家在"等死"与"找死"之间纠结。

解开纠结的关键，是想明白自己在企业数智化

欧阳杰

华夏基石集团高级合伙人
数字化转型专家

10 年企业管理工作经验，20 年咨询顾问工作经验，曾为中国钢研、潍柴、兖矿、三一、中国移动、联想、魏桥、特锐德、慕思、德邦、新东方、新大陆、阳光电源、三福百货等几十家企业提供咨询服务。

转型中的角色并形成与之匹配的思维模式。目前从技术和业务视角探讨数智化转型的材料汗牛充栋，但能真正站在一把手视角给企业家解惑的很少。笔者曾深度参与多家知名企业的战略与数智化转型，所以本文试图从一把手视角谈谈企业的数智化转型。

一、时代：数字技术及其影响

技术是人体属性的放大与增长，过往发明更多替代体力劳动，数字技术如人工智能等旨在增强和替代脑力劳动。从企业家视角看，其核心要点如下。

大数据：数据是最重要的"自然资产"，将数据资产转化为资本的关键是算法。

云计算：算力与存储资源像水和电一样成为公共资源，所有企业都将加速云化。

物联网：万物皆互联，万物皆智能。

移动互联网：通过移动终端实现人和人、人和工作、人和世界的互联和在线。

区块链：互联网解决连接的技术问题，区块链解决商业连接中的信任问题，将催生去中心化邦联式商业生态的兴起。

人工智能：机器像人一样有理解、学习、推理和互动等能力。

随着数字技术突飞猛进，以下图景是已然发生的未来。

事业：用数字技术赋能员工并重新定义工作，开创人机同行新时代。这里的机已经不再是传统机器，而是能和人互动并一起解决复杂问题的数字平台。

企业：各行各业将由具备指数级学习能力的智慧企业引领，行业集中度将大幅提升。

产业：以平台为载体、用数字替代产权统治的商业生态将全面崛起。

社会：数字孪生、万物互联的智能世界。

二、概念：信息化、数字化、智能化

2019 年笔者参与一家很大企业的数智化转型规划，老板要求 IT 推动企业早日实现"信息化、数字化、智能化"。怎样解读信息化、数字化和智能化并将其落实到工作中，IT 部门曾和多家知名咨询公司交流，但一年下来大家仍各执一词，莫衷一是。信息化、数字化和智能化是近年 IT 界名词创新勃兴的缩影，此外还有数智化、智慧化、自动化、认知企业、智慧企业、无边界企业等潮词，不一而足。所以谈数智化转型之前，需要澄清上述概念以正本清源。

潘云鹤院士 2019 年在一个讲话中指出，过去 30 年，世界加速从二元空间（物理空间和人类社会空间）向三元空间（物理空间、人类社会空间、信息空间）演进。二元空间里的实体对象及其活动均可表达为一组属性（Data）的集合，已被人类认知和记录的数据是信息（Information），处理信息是为了更好地洞察（Insight）事物内在规律以更好改造世界。智能化（Intelligent）是电脑像人一样有理解、学习、推理和互动的能力，亦即电脑已经具有人工智能。

基于上述理解，笔者对上面提到的相关概念解读如下：

信息化、数字化和智能化：见图 1。

智慧化：和智能化没有本质区别，两者都是对"Intelligent"的不同翻译。

自动化：自动化主要替代体力劳动，信息化、数字化和智能化主要替代脑力劳动。

数智化：两个解读，一是数字化加智能化的简称；二是从数到智的全过程，是信息化、数字化和智能化的统称。本文取第二个解读。

智慧企业：已经完成或基本完成数字化的企业，认知企业是个蹩脚且失败的翻译。至于用杰克·韦尔奇的"无边界企业"一词来描述企业数智化转型的终极或目标状态，则既不合英文（Virture Enterprise）原意，也误解了无边界的原本含义，属误译。

| 数据 | 信息化 | 信息 | 数字化 | 洞见 | 智能化 | 智能 |

视角 质料因[注1]	以客户为中心，侧重连接	以用户为中心，侧重赋能	以利益相关者为中心，侧重生态
价值 目的因[注2]	效率，看见看不见	体验，知道不知道	生命体的自演进，做到做不到
动能 动力因[注3]	流程驱动	数字驱动	AI 驱动
承载 形式因[注4]	工作在线，system of record（SOR）	智慧在线，system of insight（SOI）	互动在线，system of engagement（SOE）

注1：质料因、目的因、动力因和形式因源自亚里士多德对"本体论"的相关解释。
注2：看见看不见、知道不知道、做到做不到均构建在"关联不关联"的基础之上。其哲学依据是王东岳的万物同源与万物一系，和马克思主义哲学中的世界万事处在普遍联系之中。
注3：关于流程驱动和数字驱动的详细解读，参见本文后续部分。
注4：SOR 包括 ERP 和 CRM 等，SOI 的典型例子是 BI，SOE 的例子有智能客服和谷歌的阿尔法元等。

图 1 对信息化、数字化、智能化内涵的解读

三、探源：企业数智化转型

企业数智化转型是企业用先进数字技术对企业进行全方位立体化的改造以使自身更加智能和更具竞争优势的过程。这个表述比较抽象，以下从五个方面进行解读。

1.数智化转型的前提由算力、存储和传输构建的基础设施先进且廉价

随着中国"新基建"力度的持续加大，企业数智化转型所需的基础设施亦即我们所讲的"云"在不久的将来会像现在的水和电一样，很快就会"飞入寻常百姓家"。

2.数智化转型的本质是用数据加算法构建与二元空间孪生的数字空间

算法是解决信息处理问题而设计的指令序列。输入出勤和绩效系统就能按规则算出员工工资，其中执行预定规则的指令序列就是算法，具备自学习和自演进能力的深度神经网络亦是算法。

3. 数智化转型的目的是提升企业的组织能力进而让企业更具竞争优势

没有成功的企业，只有时代的企业。能在数字化乌卡时代持续生存和演进的企业必然是数智化企业。要不要数智化无须论证，需探讨的是数字化时代下企业怎样转型和升级。

数智化转型能从三个方面提升企业的组织能力（见图２）。

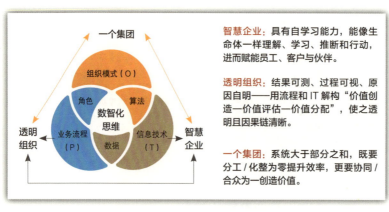

图2　企业数字化转型 TOP 模型

·一个集团：人，力不胜牛然能役之，群也。怎样让大家心往一处想、劲往一处使？《人类简史》的作者认为要靠宗教、军事和货币，亦即笔杆子、枪杆子和钱袋子。数智化时代除了上述三种力量之外，还有一种力量是数字平台。美团骑手数量多达数百万，但美团并没有用冗长指挥链来管理他们，而是靠数字平台，平台生成订单后基于算法直接给骑手派发工单、明确要求、评价质量、分配价值。

·透明组织：小企业天然透明，因为老板靠眼睛就能盯住包括员工在内的所有资产。企业扩大后，老板离一线越来越远，因而很难第一时间做出准确的决策，所以不得不授权。**员工做决策和老板担责任之间的矛盾随企业规模扩大越发凸显**。解决办法，农业时代靠文化让大家"心往一处想"，靠激励让大家"劲儿往一处使"；工业时代主要靠流水线和职业化让员工依附机器；信息时代靠"后台强大赋能，一线精兵作战"的组织降低决策重心，让听见炮声的人呼唤炮火，前提是信息透明。**如果员工利益和老板一致、决策范式公司一体、决策信息公司透明，那么由授权带来的决策者和决策收益分离之间的矛盾以及由该矛盾带来的道德风险就能完美解决。**利益一致在农业时代就已解决；决策范式在工业时代已然解决，主要工具是构建在泰勒、法约尔和韦伯等人思想之上的有形流水线和构建在流程管理之父加里·哈默等人思想之上的无形流水线；没有先进信息系统的支持，信息透明绝不可能实现。

·智慧企业：伴随组织扩张的另一个原生矛盾，是员工人数按算术级数增加时企业管理复杂度却呈几何级数增长，但管理者个人能力提升速度有如蚂蚁——员工能力年复合增长能达到 20% 的是"熊猫国宝级"的存在。**如不能有效解决这对矛盾，那么企业就会在规模扩张中陷入低效和无序，熵增于是产生。**熵减有三种路径，一是通过文化建设在员工大脑中装上同一套操作系统，让大家有共同的追求、语系、行为方式和思维模式；二是构建有形流水线和无形流水线让员工步调一致、高效协同；三是把决策规则算法化并实时在线赋能，由平台替代、增强（给建议）和辅助（因需提供背景知识和过往经验）员工工作。上述路径，第一条改造思想，在农业时代即已成形，属于意识形态的范畴；第二条优化协同，发端于工业时代成熟于信息技术时代，与生产关系相对应；第三条人工智能，现在来看有些科幻，拉长周期看则是必然，属于生产力的范畴。

在打造了 Mac、iPod、iPhone、iPad 等改变世界的伟大产品之后，乔布斯意识到，伟大的产品终将谢幕，伟大的组织却能长青，要想 300 年后还挂在墙上，**必须打造一个能与时携行推出伟大产品、与时俱进改变世界的伟大公司。缔造伟大公司的底层逻辑深藏在一个集团（又集又团之意）、透明组织和智慧企业之中。**借用《笑傲江湖》中的说法，伟大组织练就了"吸星大法"，能吸纳天地灵气（信息）和员工智慧（能力）为人工智能并自学习自演进。小说中的"吸星大法"是邪法，而组织练就"吸星大法"的目的是因需实时给员工赋能，让员工去从事更具挑战、更加复杂、更有意义的工作，去发挥机器无可企及的想象力和创造力进而更好地成就员工。

4. 数智化转型的载体是产品、组织、文化

借助冰山模型，我们可从以下三个层面进行企业的数智化转型解读（见图 3）。

用数字技术**重新定义**产品、服务与生态
▷ 产品：特斯拉重新定义汽车 + 苹果重新定义手机
▷ 服务：京东重新定义物流
▷ 生态：苹果重新定义并引领用户"数字生活方式"

用数字技术**重塑组织**
▷ 研发：数字建模与数字仿真，电建华东院的工程数字化
▷ 生产：智能工厂与柔性制造，三一重工的灯塔工厂
▷ 营销：基于客户画像的精准触达与在线推荐，亚马逊

数字化思维

图 3　数智化转型冰山模型

数智化转型的第一个层面，是用数字技术重新定义产品、服务与生态。围绕 C 端衣食住行的商品除食品外，其他都在加速智能化。B 端除基础材料如钢材水泥等，已很少有不受智能化影响的产品。产品智能化的实质是通过软件定义产品实现用标准化的解决方案满足个性化的客户需求。苹果手机出厂时同型号一模一样，但在客户手上开机哪怕一小时，手机应用就大相径庭，特斯拉汽车也一样。

数智化转型的第二个层面，是用数字技术重新定义组织，并以此为基突破组织边界。组织是个体互联形成的网络，把物理分散的个体耦合成网络的主要力量，农业时代主要靠土地、文化和暴力，工业时代主要靠权责利、流水线和职业化，数智化时代主要靠由数字神经和数字产品构筑的数字平台——数字神经固化生产关系，数字产品沉淀生产力。组织智能化的逻辑解读参见图 2 及其诠释，具体做法则在本文后续部分详细展开。

　　数智化转型的第三个层面，是数字化思维。是思想决定现实，而不是现实决定思想。没有数字化思维，前两层的数字化创新不会持久。在"百年未有之大变局"中，不革新思维模式（Mindset），当下最强大的组织亦将泯灭于历史大潮之中。数字化思维后续部分有详细解读，此处不再赘述。

　　上述三种方式对组织效能的影响，短期内最大的是产品、服务与生态的智能化，但如加里·哈默（Gary Hamel）所言，只要把时间轴拉得更长些、把眼光看得更深些，我们就会发现，**企业数智化转型最难、最重要，同时对组织影响最大和最深远的是用数字技术重塑组织——用数字平台物化管理思想，用数字社区连接员工大脑**。前者强调复制领导思想，后者重在连接群体智慧；前者着眼构建高效和敏捷的正式组织，后者侧重打造开放且活跃的非正式组织，两者结合能完美解决 21 世纪管理最大挑战——管理知识工作者。当然这一切成为可能的前提，是企业核心群体特别是高层有数字化思维与数字化领导力。

5. 数智化转型的进程可分为信息化、数字化和智能化三个阶段

　　需特别说明的是，并非严格过关才能升级，也就是说，并非要等信息化全部完成之后才能推数字化、数字化基本 OK 才能推智能化，企业在信息化中亦可同步有选择、有目的地推数字化甚至是智能化。

　　数智化转型是个漫长的过程，好高骛远固然不对，只盯当下亦无前途。正确做法是深信未来目标图景，深知当下所处阶段，在哪山就唱哪山的歌的同时遵循铃木敏文"现在不是过去的延长线，而应当由未来所定义"的指导，基于未来投资当下，在方向大体正确中坚毅前行、持续致远。

四、方法：企业怎样推进数智化转型

1. 产品智能化：软件定义产品与 IPD 的演进

产品智能化和软件定义产品基本上是同义词。特斯拉的源代码行数过亿，Windows 操作系统也就 4000 万行。源代码行数增加意味着相较于纯硬件研发，软件定义产品的复杂度更高。第二个变化是智能化产品更加强调用户体验，而体验主要取决于研发团队特别是决策者的艺术和人文功底。第三个变化是过往产品迭代速度慢，一款发动机研发三年问世后十年内可基本不改，而由摩尔定律推动的智能产品更新迭代速度极快。**上述三个变化是工业 3.0 时代产品研发方法论 IPD 需升级到 Offering Management 和敏捷研发的主要原因。**Offering Management 很难找到与之完全匹配的中文表达，原意是产品与服务的创新与生命周期管理，这是一个很大的课题，笔者将另文探讨。

2. 组织数智化：赋组织以生命让其能自学习自纠错与自演进

(1) 用数智六度诊断组织数智化现状

《平衡计分卡》的作者认为，不能测量就不能管理。组织本身很抽象且不易理解，如果没有一套有用、好用和易用的衡量机制，需要企业花很多时间、投入很大精力才可能成功的组织数智化转型将很难持续。基于前人成果，**笔者曾自研"数智六度"量表来测量企业数智化成熟度：**流程成熟度、系统覆盖度、数据齐备度、用户体验度、功能智能度、平台集成度，其中流程成熟度和系统覆盖度侧重衡量企业信息化水平，数据齐备度和用户体验度主要衡量企业数字化水平，功能智能度和平台集成度着重衡量企业智能化水平。

流程成熟度（见图 4）：1~5 分别代表经验级、职能级、规范级、度量级和标杆级。

系统覆盖度：用于评估流程是否有系统覆盖。

数据齐备度（见表 1）：衡量客体属性在信息空间的孪生程度，1 代表基本没有或者很零散，5 表示已在信息空间有客体数字仿真。数智化起点是"数"，目标是"智"，而智的多寡和质量取决于三个因素，算法、数据量和数据齐备度。2019 年笔者参与某营收千亿元的大型装备制造业数智化转型规划，

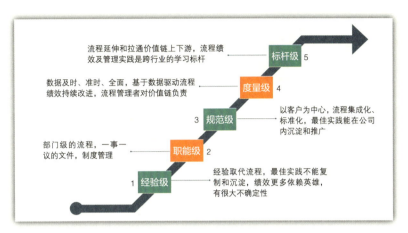

图 4　流程成熟度评估量

该企业通过物联网等方式大规模收集产线数据，其效果除大屏展示让人"看见看不见"外，没有创造出让产线人员离不开的价值，只是把过去的"线下无解"变成了"线上无解"。为什么拥有这么多数据却没有产出智慧，亦即为什么没有让员工"知道不知道、改变不改变"？表层上是算法不成，实质是对要产出什么"智"，以及产出这些"智"需要什么数据这两个问题思考不清晰。以员工为例，传统简历数据和绩效信息等只能给员工发展提供参考；如系统有基于冰山模型的技能、性格和动机等信息，算法就能导出员工和岗位的匹配度、激励建议以及员工和同事的潜在冲突等很有价值的"智"；从动态行为数据得出智慧的例子，一是从上网行为识别员工离职风险以主动留人，二是从互动信息读出人际互动网络以精准分析非正式组织及其对组织绩效的影响。

表 1　　　　　　　　数据齐备度评估量表

项目	1	2	3	4	5
产品	基本没有，或者很零散	产品档案，BOM 信息	产品档案，360 度视图	IoT/物联网，产品全生命周期	IIoT/产业物联网，产品周边全时孪生
知识	同上	文档知识，工作留档	知识图谱，操作手册	知识网络，员工社区	暗默知识，场景赋能
用户	同上	用户档案	用户画像，360 度视图	使用习惯，行为偏好	扩展生态，交叉销售与用户裂变
员工	同上	简历数据，绩效数据	员工画像，冰山模型	个人行为数据，个人孪生	与团队的互动数据，团队孪生

用户体验度：评估用户视角的使用体验。1分表示体验很差，用户心理上抗拒系统，5分表示体验很好。

功能智能度：分为五级，评估量表见图5。

手工	桌面自动化	流程机器人（以规则为基础）	自主流程自动化（以知识为基础）	认知流程自动化（人工智能为基础）
	• ERP • 工作流 • 宏 • 屏幕抓取 • 自动电子邮件	• 能支持商业流程的可组合式预建机器人 • 可拓展、自适应的目标库 • 全球机器人指令中心 • 弹性、安全的虚拟化基础设施	• 连续流程自动化，监控和实时可视性 • 自动化的人员和事件管理 • 直通式处理系统 • 可重复使用的业务规则和决策流程 • 丰富的绩效管理、KP 和服务层级协议管理	• 自主决策（推理和记忆能力） • 自我修复 • 全新洞察（学习能力） • 参与型支持 • 分析驱动型智慧 • 对流程的建议和完成 • IBM 认知型商业运营加速器
手工	PC 客户端	结构化、半自动化	自动化	智能化

图5 流程智能度评估量

平台集成度：侧重纵向集成亦即企业与伙伴之间数据集成。

"数智六度"既可一并使用，亦可根据企业数智化水平和评估目标选取。之所以只选用流程成熟度和系统覆盖度两个指标，是因为该企业信息化虽实施多年，但整体水平信息化发展初级阶段，与数字化相差甚远。

(2) 流程驱动与数字驱动的组织数智化转型

组织数智化有两条路径，一是流程驱动，二是数字驱动，载体是数字平台。前者侧重端到端协同，旨在解决伴随分工而来的组织割裂问题——企业越大割裂越严重，多由标准软件包如 SAP、PLM、LMS、Workday 等固化，最有名的例子是华为20世纪末的 IPD 变革。后者侧重把与工作相关的智慧如知识、技能和 Know-How 等沉淀为工具，旨在点上赋能，其影响力较大的案例是前些年 IBM 推出的用于癌症诊疗的"沃森"——虽然现在看当时更多是噱头。

结合流程更详细例子如表2所示：

表 2　　　　　　　　　　　　组织数智化转型样例解读

项目	流程驱动（由标准软件包驱动的流程固化）	数字驱动（用例 /Use Case）
产品创新与管理（Offering Management）	产品生命周期管理（PLM）	制造业：数字化工艺仿真
销售（Opportunity to Order）	商机管理（从线索到订单）	制造业：基于客户画像与产品数据的交叉销售（三一） 零售业：基于客户画像的智能推荐（亚马逊与星巴克） 建筑业：从爬虫线索算法的精准拜访（广联达）
交付（Order to Delivery）	从计划到排产(APS)、从入库到出库(WMS)、从出库到交付(TMS) 等	制造业：基于机器视觉和声音分析的智能质检 零售业：基于算法的自动配货（钱大妈与美宜佳） 建筑业：基于参数的自动出图（基准方中） 物流业：基于车型和货物参数的自动配载（中联物流） 医疗业：辅助诊疗（IBM 沃森癌症辅助诊疗服务）
售后服务 / 客户服务	把收到客户投诉到处理结果关闭全程记录在线，实现从问题到满意的闭环管理	金融业：智能客服 / 客服机器人 制造业：基于物联网数据的设备预防性维护 + 根据客户描述故障信息的在线故障诊断
管理人力资源	以员工绩效管理为例，把从绩效目标到结果应用全过程都用系统固化，让绩效管理流程在线可见并实现闭环。类似的有招聘管理等	以调薪为例。系统根据算法给出员工调薪建议，算法基于员工技能等级及其战略重要度和市场稀缺度、员工工资水平、市场薪酬数据、过往绩效信息、公司调薪政策等编制
财务管理	业财一体如 SAP 等	组织绩效管理中的"可见–可荐–可预见/荐"（IBM）

（3）用数字社区打造开放组织（侧重非正式组织的组织化）

组织数智化更多针对正式组织。员工在工作中会形成数量众多的非正式组织于企业是柄双刃剑，华为的"罗马广场"是很成功的范例。借助数字社区员工可快速联结思想与资源，和素未谋面的同事就感兴趣的话题交流探讨。如果说数字平台沉淀的管理智慧更多围绕企业家和管理人员做文章且带有强烈中心化色彩的话，那么联结员工大脑的数字社区的精髓是去中心化，开放组织（Open Organization）的效能在很大程度上取决于企业数字社区的生态品质与运营水准。

3. 通过打造双模共融的数字化领导力推动文化转型

红杉中国发布的《2021 年企业数字化年度指南》指出，非数字化原生企业数字化的第一步是形成数字化思维，从数字化特征的角度去审视并重构企业所有的流程。文章没有对数字化思维进行解读，笔者基于泰勒科学管理发轫以来的理论演进，结合自己多年来对众多企业高管管理实践的近距离观察，将管理者治事实践总结为职能思维、流程思维和数智思维（数字化思维），其中数字化思维从利他或从利他中利己出发，强调体验，因果并重，实质是用未来眼光重塑当下，一心精进，不怀疑、不纠结、不动摇（见表3）。

表3　　　　　　　　　管理者的三种思维

分类	职能思维	流程思维	数智思维
为了谁	以上级为中心	以客户为中心	利害攸关者（Stakeholder）
追求啥	服从规则	创造价值－通过效率提升	创造价值－通过体验优化
靠什么	专业纵深打透	全局横向拉通	基于算法和数据的实时赋能
怎么做	Rule by Law 法治	Rule of Best Practice 法治－最佳实践	Rule of Law 法治－规律或道

光有数字化思维还不够，要成功引领企业数智化转型，企业还得培养一大批具有数字化领导力的闯将。数字化领导力是个新词，其要旨可归结为表4。

表4　　　　　　　　　经典领导力与数字化领导力

分类	经典领导力－以效率为中心	数字化领导力－以体验为中心
定战略	方向与执行 (Direction & Do)	→ 重构与生态 (Envision & Ecology)
带队伍	命令与控制 (Command & Control)	→ 交心与赋权 (Engage & Empower)
建组织	权责与规则 (Responsibility & Regulation)	→ 敏捷与创新 (Agile & Innovation)

注：数字化领导力的基础和前提，是对数字技术及自身业务的深刻理解。

数字化思维和构建在数字化思维基础上的数字化领导力虽问世更晚，但这绝不意味，职能思维和流程思维以及基于这两种思维的经典领导力就已过时、不管用甚至有副作用。当下是过去和未来的相交点，三种思维和两种领导力表面相互矛盾，实则圆融不二，而这恰是量子思维要点所在——看起来矛盾的观点同时都成立于当下，一如薛定谔的猫一般。这难不难？当然很难。正因很难，所以能成功转型且持续领军的企业总是寥若晨星。

五、案例：传统企业如何推进数智化转型

读到这里，有些读者可能会说，写了这么多废话，就不能讲几个传统企业数智化转型的成功案例？受篇幅限制，笔者仅列出在数智化转型很不错的企业的名称，网上介绍这些企业具体做法的文章很多，本文不再展开。这些企业如下。

- 制造业：约翰·迪尔、墨西哥水泥、美的、三一
- 零售业：美宜佳、钱大妈
- 服务业：IBM

在流程信息化上，企业最好选择标准软件包如 SAP 等；**核心业务数智化，企业必须自建数字化团队，因为数智化沉淀的算法是公司多年积累的 Know-How，是核心人才集体智慧的结晶，选择和外部机构合作会有核心资产流失到竞争对手的风险。**正因如此，各行各业领军企业的业务数智化很少"委身于人"。

六、行动：作为老板，怎样推进企业的数智化转型

企业视角的数智化转型须一把手挂帅，过程中一把手需重点抓好"五个一工程"。

(1) 一个数智化顶层规划。数智化转型事关企业生死，涉及面广、复杂度高、时间跨度长，没有一个构建在看清未来方向、看透现状、看明关键节点、看懂成功关键基础上顶层规划，没有基于过程的动态迭代，企业的数智化转型很难成功。

(2) 一笔只有开始没有停止的永续投资。企业长大后企业家第一要务，不是创造优秀产品，而是打造优秀组织。企业家要像重视研发那样重视企业数智化转型，不能只算眼前的经济账，须着眼长远，要持续投入。

(3) 一把衡量数智化成效和进展的尺子。不算经济账不代表不衡量数智化投资取得的成效与进展，否则在数智化转型漫长

路上企业家只能凭信仰摆渡。这就要求企业打造一把尺子，这把尺子不只自己用，而且友商和伙伴大家都用更好，因为这样大家就能互相对标和竞合超越。

(4) 一批具有数字化思维和数字化领导力的干部。毛主席说，路线决定之后，干部就是决定性的因素。这对企业数智化转型一样适用。

(5) 一个由跨部门精英组成的转型领导小组，用 PMO 机制推动规划落地。

七、总结

有资格谈数智化转型的企业，通常规模较大而且比较成功。这些企业的数智化转型，一把手最需要的不是在产品智能化和商业模式创新上发力，而是回归本质，聚焦精力，抓只有自己才能推进且应当由自己去推的组织建设与文化转型，而做到这一点的前提是思想观念和思维模式的升级，建构能悠游于"百年未有之大变局"中的圆融不二的量子思维。

柏拉图说，理想城邦应由哲学家担任国王，或使国王变成哲学王，否则理想国只能是空中楼阁。"乌卡时代"下的企业家亦然——主导企业数智化转型并引领行业发展，企业家并不需要精通业务和技术，但要有很好的哲学思维，从价值即 Why 出发，看清数智化的本质即 What，懂人性，有鉴赏力。

站在当下，数字技术已深刻改变了社会；放眼未来，数智化转型大幕才刚刚开启。

站在当下都是纠结，站在未来都是必然；看清路，朝前行，梦想就在不远的前方！▣

（注：欢迎与我们探讨企业数智化转型思考与实践，请联系本刊转作者，联系方式见版权页）

数字向善：
要挖掘商业潜力，也要守住道德边界

编者按

　　由中国人力资源开发协会数智化分会举办的"数智五人谈"旨在探讨中国企业数字化、智能化转型过程中的问题、挑战与实践。"数智五人谈"由中国人力资源开发协会数智化分会会长刘辉、中国人力资源开发协会秘书长李直、华夏基石集团董事长彭剑锋担任常任嘉宾，每期特邀一位不同领域的专家嘉宾来共同讨论，本文为"数智五人谈"第四期研讨的观点精选。

"数智五人谈"第四期活动

彭剑锋：守住数字资产的三大使用边界

从一开始就要建立数字商业化的规则和边界

数据资产在未来将会成为最重要的资产之一，也是最重要的战略资源之一，甚至会成为市场重点争夺的资源。

展望未来，中国经济增长的红利是数字化，所以未来的核心竞争能力：一是海量的数据，二是算力，三是算法，这是未来的新竞争能力和发展趋势。

在数字化时代，面对边界问题：企业既要跨界、破界，又要守界，即把握数据收集和使用的尺度。

因为企业在数字化时代下跨越了组织边界、经营边界和技术边界，所有组成都是一个整体和系统，即构建完整的数字生态。所以作为一个整体和系统，就需要打破边界，通过跨界融合，真正构建生态，这是必然的过程。

也正因数据会成一种最重要的资产，所以企业又必须回归到守界中来，守住人性向善的底线，包括伦理和道德的底线，以及市场竞争的底线。

就数字化而言，我认为未来守住边界要面临三大问题：

第一个问题是市场争夺数字资产，不能毫无底线地侵犯个人隐私权。**数字化给人们带来最大的烦恼就是侵犯个人隐私权，没有隐私权就没有幸福。**

在大数据时代，即便大家都变得透明化，但至少希望能在心灵深处有一块自己的隐私地。

因为现在很多应用对人脸数据等毫无节制地收集和使用，政府也没有相关的法律出台，如果有恐怖分子利用这些数据来作恶，那么对整个社会来讲都极具危险。

第二个问题是利用大数据、算力和算法来作恶，包括剥夺消费者的选择权。其实算力算法本身是种创新，但是要向善，如果不解决科技向善、创新向善的问题，那么大数据给人类带来的就是一场灾难。

第三个问题是从市场经济来看，不能形成垄断。如今国家要整治平台经济，正是因为平台经济形成垄断，让其他企业无法生存，所以现在要追求共同富裕，但也不能单纯是平均主义、杀富济贫。

所以针对一些平台经济就要进行分拆，否则就违背了市场竞争的核心，扼杀了小微创新。如果一家企业形成垄断，就会有垄断利润，就会利用垄断来剥夺消费者的选择权，并会逐渐走向堕落，这会对整个国家和社会的发展不利。

的确，还有诸多其他问题，此前的大数据在野蛮成长阶段，现在要从野蛮成长阶段走向文明成长阶段。当然，中国的互联网企业和大数据能够蓬勃发展，要感谢过去的野蛮成长，但如今，大数据已经面临侵犯个人隐私权，以及大数据作恶和垄断的情况，所以就需要进行调整，就需要向文明过渡，就需要建立规则和边界。

建立数字边界要解决的四大问题

未来，当数字资产真正成为企业的核心资产或核心竞争能力时，就需要重新构建公司管理的底层逻辑，即新的公司治理模式，包括基于人力资源新制度。

第一，要解决产权的问题，即数据资产归谁所有。

目前，欧美国家采用的模式：一是有数据知情权；二是数据资产归自己所有。

未来是个人的数据资产越大，带来的收益越多，但现阶段最大的问题就是数据资产无法做产权定义，无法解决产权归谁所有的问题。

例如有些网红、歌星愿意公开及传播自己的"隐私"（如恋爱结婚生孩子等），其实就是为了增加流量，带来价值，所以愿意用自己的隐私权换取经济利益。如果企业滥用个人的数据资产，将给个人带来什么好处？这需要解决好剩余价值所有权的问题。

第二，要解决决策机制的问题，包括决策的有效性、适用性。

企业要依据大数据决策，形成大数据洞察。但绝不是完全依赖大数据，一定还是要依靠企业家精神。所以我认为大数据替代不了企业家精神，也替代不了企业家洞察力。

另外，大数据也要有温度、要有人文关怀。否则就会滥用决策，就会侵害别人利益。

所以，要重新构建基于大数据的决策机制和决策伦理，既要尊重数据和事实，又要超越数据和事实，发挥企业家精神。

大多数企业过去纯粹靠企业家拍脑袋、凭直觉，但现在有了大数据，企业决策变得更加理性，更加有依据，这是大数据所带来的重要变化。因为大数据本身也是一种群体智慧，所以使得决策会更有依据、更理性。

> 企业对未来发展的战略判断、决策和洞察，一定是要超越数据，要有企业家精神。

我认为管理追求理性，企业内部管理是完全可以依靠大数据的，不需要企业家精神。但企业对未来发展的战略判断、决策和洞察，一定是要超越数据，要有企业家精神。

从应用角度来讲，企业基于运营效率的提升完全可以依靠大数据，但涉及企业方向性的决策，以及重大战略机遇的把握，恰恰要超越大数据，要依靠企业家精神和洞见力，所以这就是企业管理的边界问题，也是对公司治理提出新的要求。

例如未来的大数据对公司董事会和经营管理团队的决策，都会发生重大变化。究竟是董事决策依靠大数据，还是继续依靠核心领导拍板？肯定会有结合也有博弈。

尤其是人力资源方面的决策，更是科学与艺术的结合。如果对于人的决策完全依靠大数据，那情感和沟通就显得多余，整个社会就会变得无趣。就像谈恋爱如果变得流程化，那情感就会逐步丧失。

在人力资源管理方面，既要强调理性尊重数据，又要保持人类的激情（感性）。要有科学也要有艺术，企业决策也是如此，需要数据的支撑，更需要企业家精神。

第三，**要解决大数据的监督与赋能的问题，要梳理清楚哪些该监督，哪些该赋能。**

因为监督和赋能的核心是要解决信用和承诺的问题，而新的公司治理就是要建立起大数据的信任与承诺的关系，从而实现有效的监督与赋能。

如果大数据被一再滥用，没有规则和边界，那么可能造成人与人之间的信任关系彻底崩溃，甚至整个信息化发展的崩盘。

如何重构信任关系？**我认为数据一定要有温度、要向善，实际上就是公司治理的底层逻辑（信任、承诺和相关利益），也是重构信任和承诺关系的方法。**

第四，**要解决价值创造与价值管理的问题。**

在数字化时代，企业的价值创造要素需要把数据加进来，而且需要考虑人力资本等其他要素继续发挥的作用。从最初的价值创造要素土地、资本和劳动，逐步添加新的创造要素，包括企业家、知识创新者，以及大数据。

这是数据资产要不要进入资产负债表的深层次问题。从生产三要素理论到六要素理论，始终面临着价值创造的分配问题。尤其是现在数字资产成为企业价值创造的主导要素，那么利润剩余价值归谁决定？

这是基于数字化的价值管理，要重构整个组织的价值管理体系，最终实现相关利益者的价值平衡。

过去公司治理要解决的是股东价值最大化，而现在要解决的是数据资产价值最大化，未来要解决相关利益者的价值最大化。

现阶段面临的最大问题是无法构建数字生态，原因是没办法确定数据由谁控制，即数据产权不确定。很多互联网平台剥夺数据的选择权，搞数据垄断，甚至利用大数据作恶，破坏其他相关者的价值，最终导致企业形成数据孤岛。

所以要重构大数据时代的相关利益者的价值平衡，包括真正构建数字孪生、数字生态，以及制订相关规则和政策。只有重构公司治理，才能在企业发展过程中解决边界问题。

数字化要有利于走同富裕之路、社会治理之路

大数据时代，一要解决数据产权问题或归属问题，二要解决数据产权交易的公平性问题。公司治理就是从马克思到人力资本理论提出的——要解决所有价值创造要素交易的公平性。

目前，大数据的问题在于产权是分散的，与传统的资本产权概念不一样。如何把这种极度分散、碎片化的产权达成归属共识，最终形成产权可交易的规则，或许是未来研究的重点。否则就不公平。例如，依靠大规模用户贡献数据流量获利的平台企业，是否应该考虑拿出一定的利润给数据贡献者分红？这就是共同富裕之路、社会治理之路。

所以大数据既不是个人力资源专业的职能问题，也不是企业的经营问题，是人、社会和企业三者（天、地、人）合而为一的综合问题。

公司治理的根本就是要解决分配问题，解决相关利益的价值平衡问题。这不是在否定平台经济，而是在平台获取利益以后要返还给数据贡献者。数字化经济，人人都是"股东"、人人都是数字价值创造者，这不仅是一条全新的人力资本理论之路，还是一条走向共同富裕之路。

刘辉：数据收集边界应完全受制于数据使用边界

企业在数据管理过程中秉承的原则、恪守的边界

边界就像是"大数据围栏"，例如济南的人才有价公司就是在做园区的"大数据围栏"，这种"围栏"就是边界。

从广义来看，"大数据围栏"大致分为四类：

第一类是自己收集的个人数据，目前的现代化技术让每个人能够自由地收集个人数据，例如大家的手机或电子设备能够收集自己的数据，而对于自己收集的数据是否有边界？

第二类是其他人（组织）收集到的个人数据，是应该有边界的。这好比是两个同心圆，小圆代表着自己的隐私数据，大圆代表着组织可以收集的个人数据，如果组织收集个人数据的目的是向善的，那么两个圆的重合度就越高，反之重合度就越低。例如美国富达（Fidelity）投资公司在收集员工数据时，就是为了帮助员工提升自己的技能，从而赋能员工为公司赢得更多收益，所以员工能够很自然地接受公司收集个人数据。

第三类是社会收集的个人数据，社会将个人数据收集到公共系统，为了大家谋福利。例如抗击新冠病毒就是一次公共事件，社会收集个人数据是为了大家的出行安全，所以公众也能够接受。

第四类是社会、企业组织以外的企业收集的个人数据，这是最需要监管和设立边界的，甚至有个人数据的安全隐患，例如电信诈骗等。

其中，企业组织在收集数据时应该有什么边界？我认为最重要的是隐私权，确实没有隐私权就没有幸福，人们的幸福很多来自日常生活中的惊喜。所以隐私就是企业收集员工数据的

红线。在企业公共数据中，结果数据一般员工都可以接受被收集和使用，例如绩效数据等，但过程数据就相对隐私，例如员工的考勤数据、行为轨迹数据等，这也是企业需要建立的"围栏"或边界，尤其对不同的群体要根据规章制度分别进行管理。

双边界：数据的收集和使用是两个维度

就像手心手背，数据收集的边界完全受制于数据使用的边界。如果创新向善的使用边界在放宽，那么数据的收集边界也可以相应地放宽，这份信任会越走越近。反之，如果数据收集的结果都变成了政府管控的依据，或者公司领导对员工的窥探，那么人民及员工被收集数据的意愿就会越来越低，矛盾也会相互交织。

有一种观点是只要在企业中产生的员工行为数据都是企业的数据，这显然涉及法律层面。过去的企业是有"围栏"的，即员工进入办公楼后的各类系统数据都是企业的数据，那么现阶段员工居家办公的数据又将如何划分？这值得思考。

关于数据的收集边界和使用边界，其实真正的是机器学习把所有的数据装到 supervise learning（监督式学习）中来。

具体有两个维度：一是收集数据时间的充分性，即随时随地收集信息数据。二是大数据的丰满性，即成千上万个维度的数据。

当两个维度的数据被传入同一数据库中，才有动态学习的算法，最终才能形成规律和判断。但两者从结果到使用，从输入到收集，从连接到算法，都是一种动态边界的管理办法。

坦率来讲，用结果数据不断修正输入数据，对于数据结果是向善的、有用的，就放宽其数据收集的边界。即信任越多承诺越多，数据应用的结果越向善，收集数据的范围就越广。

如果通过数据应用的结果情况来折射数据收集的边界，那么每家企业的动态边界都不一样。例如 IBM、腾讯或阿里收集数据的边界，就不会与华为一样，当然也受企业家思维或企业文化的影响，却能很好地解决承诺与信任的关系问题。

不迷信数据时，企业家精神就会凸显出来

要相信数据，依靠数据，但不要迷信数据。

早些年的中国企业，当时没有 ERP（企业资源计划），没有科学管理，更没有数据，就是靠企业家直觉来进行管理。其中，有些企业家会充分利用 ERP 数据，例如供应链体系、生产质量体系等，然后加上自己的判断进行洞察，这就是数据给企业家带来的作用，让企业家在判断时不至于完全靠直觉，既有数据的验证，又有直觉的判断，企业才能在两者交互中前行。

这像是一种决策孪生，最终永远是企业家的直觉或判断占上风，另外加上一些数据的支撑和验证。假如一家企业中，有 3 个领导人在管理时出现决策矛盾，当没有核心决策时，或许就会用大数据做决定，这其实就变得本末倒置了。但如果有核心决策，比如其中一位领导者凭知觉判断，甚至最后拍板，而不完全依靠大数据，那么企业家精神就会凸显出来。这也是卓越企业和非卓越企业的核心差别，即有企业家精神。

最后强调一点，马克思的主要贡献是从财务资本到人力资本的飞跃，但随着数据资本产生以后，有了新的产权分配方式，例如企业与员工在数据资本的产权共有性上所创造的价值分配，即数字创造价值。从马克思主义理论来讲，人类劳动创造价值，会分配劳动的剩余价值，如果数据创造价值，就应该给数据贡献者剩余价值的所有权。

所以，我认为像平台型企业，在收集大众数据时应该定期分红。这类似支付转移，财富再分配，即那些用流量、数据等信息所产生的价值，用某种数据的算法分配给数据贡献者。

欧阳杰：数据权限与企业数字化发展阶段

怎么看待数据和员工之间的关系

对于数据的收集，员工是否很敏感？其实涉及数据的隐私性，即数据的权限。

例如 IBM 和美国高校曾面向全球大型企业、消费者做过一项调研，其中的提问是"是否愿意把个人数据公开给一些网络平台公司？"结果绝大多数受访者同意公开，但前提是：第一，告知收集数据的用途；第二，告知收集信息后的益处（个人信息数据作为未来最重要的资产，平台公司使用个人数据资产，会给数据提供者带来什么好处）；第三，确保收集到的个人数据不会被滥用。

在全球样本结果中，中国会公开数据的人数占 70% 左右，普遍比国外的比例高，这也显示出中国人的隐私观比西方发达国家要相对滞后。

首先从学术角度来看，所有的属性都是数据，包括自身的DNA、社会关系网等。例如在家庭成员中的角色关系、亲朋好友中的角色关系，以及在企业中的雇员角色关系等，如果把员工的这些角色数据都提炼出来，就会形成一个新的数据框架，或冰山模型。古人云"画虎画皮难画骨，知人知面不知心"，所以在冰山模型中员工的表面可能是知识、技能，但深层次是组织对员工的角色定位、自身形象和特质等。正如麦克利兰提出冰山模型后，关注到企业对员工的哪些个人信息或属性很关心，尤其哪些是与绩效相关的。

其次从静态数据来看，企业反而会更加关注动态数据。例如员工与上下级同事、客户之间的交往，从而形成的关键数据。还有很多企业利用 AI 面试，通过肢体语言来判断候选人的性格、诚信。甚至有些企业的裁员名单，都是人力资源数字化要收集或研究的数据。

当然，企业收集这些数据一是为了员工更好地发展，比如从收集的数据中得到一些洞察预判，以此来提升员工的幸福指数等。二是出于对信息安全的保护考虑，目前数据隐私已经上升到立法的层面，比如民法典和数据安全法，以及人大正在审议的个人信息保护法等，都要回归到创新向善中来。

那么如何在收集数据的过程中尊重员工，发挥数据的作用？ 公司领导对数字化建设的要求有三条：一是对信息化（数字化）的投入上不封顶；二是对员工信息化（数字化）的培训上不封顶；三是对信息化（数字化）的研发上不封顶。

数字化转型发展要厘清企业所处阶段

邓小平最伟大之处就是开启了中国改革开放的大业，但为何能成功？原因是其做出了"中国现在处于并将长期处于社会主义初级阶段"的重要判断。

如今，很多企业都在制订数字化战略规划，但很少有企业对自身现阶段的位置（定位）有清晰的认知，如果一味地向前冲，很可能会遇到巨大的风险。

中国的数字化管理或对数据的收集，将从野蛮成长向着文明成长过度，具体到人力资源管理的数字化水平，一定会有一个像标尺一样的划分标准。

企业的管理有三个发展阶段：一是命令驱动；二是流程驱动；三是数据驱动。在数字化发展的当下，企业陆续开始进入数据驱动阶段，**而人力资源管理的数字化又分为四个阶段——**

第一阶段是数字化管理，企业从数据出发进行员工画像。例如员工的个人基本信息，包括毕业院校、工作经历、培训经历、业绩成就等。

第二阶段是冰山模型中的数据信息管理。例如员工的能力信息、特质信息、性格信息。IBM 曾用 56 个指标来衡量员工的性格，可想而知其应用场景的广泛程度。

场景一：某企业的部门 BP 是空缺状态，此时就可以根据空缺岗位中的工作，提炼出相应的人才性格特征，人力资源可根据数据指标进行人岗匹配，从而有意识地挑选合适人才。

场景二：某企业新入职员工在与上司或同事交往时，如果通过系统自动比对，判断新入职员工的性格，从而得到在与上司或同事打交道过程中需要注意的关键点，例如哪些地方需要顺从，哪些问题需要提防，哪些方面可能是风险等。

在冰山模型中，员工信息不再只是表层，而且能够渗透相对静态的底层，如特质、性格和动机等，可以通过算法使员工与岗位匹配、员工与员工交往匹配，这对企业绩效、员工的幸福指数是有影响的。

第三阶段是数据收集不只是静态信息，还有行为数据（动态数据）。例如企业中员工每天收发的邮件，以及销售与客户的会议记录等非结构化的数据，都可以进行收集与分析，甚至是基于员工的工作、外出规律，形成预判结果。

第四阶段是不只收集员工的个人信息，还会把员工与组织及其他人互动的团队信息收集起来，可以称之为组织领域的个人信息，或团队的数字孪生。

如果通过以上四个阶段来评估企业人力资源的数字化管理，即使是案例中的制造业名企，其人力资源数字化管理的成熟度依旧停留在第一阶段。

所以，企业数字化的水平要有一个标尺，可以参照工信部的标准，也可以参照灯塔工厂的标准，总之成熟的模型是应该有的。

目前，企业数字化转型失败很重要的原因是没厘清现在所处的阶段，以及收集数据的最终目的。而企业数字化最终的结果是要洞察未来的发展趋势和规律，基于此才能赋能员工和领导，从而更好地管理企业。🔲

中国科学院院士梅宏：
数字经济未来发展的四个趋势

　　大数据应用可分成三个层次：描述性分析应用、预测性分析应用和指导性分析应用，层次越深，应用价值也越大。在当前的实践中，描述性、预测性分析应用多，决策指导性等更深层次分析应用相对偏少。未来，随着应用领域的拓展、技术的提升、数据共享开放机制的完善，以及产业生态的成熟，预测性应用和具有更大潜在价值的决策指导性应用将是发展的重点。

　　当前，我们正在进入以数据的深度挖掘和融合应用为主要特征的智能化阶段。数字化、网络化和智能化融合发展，数字化奠定基础，实现数据资源的获取和积累；网络化构建平台，促进数据资源的流通和汇聚；智能化展现能力，通过多源数据的融合分析呈现信息应用的类人智能，帮助人类更好地认知复杂事物和解决问题。

　　同时，信息技术开始从助力经济发展的辅助工具向引领经济发展的核心引擎转变，催生出一种新的经济范式，这就是数字经济。数字经济是指以数字化知识和信息为关键生产要素、以现代信息网络为重要载体、以信息通信技术的有效使用为效率提升和经济结构优化的重要推动力的一系列经济活动，是以新一代信息技术和产业为依托，继农业经济、工业经济之后的新经济形态。我认为，数字经济可分为三个层次，即提供核心动能的信息技术及其装备产业、深度信息化的各行各业和跨行业数据融合应用的数据增值产业。当前，数字经济正处于成型展开期，即将进入信息技术引领经济发展的爆发期、黄金期。

展望数字经济的未来发展，呈现以下四个趋势。

一是以互联网为核心的新一代信息技术正逐步演化为人类经济社会活动的基础设施，并将对原有的物理基础设施完成深度信息化改造和软件定义，在其支撑下，人类将极大突破沟通和协作的时空约束，推动平台经济、共享经济等新经济模式快速发展。

二是各行业工业互联网的构建将促进各种业态围绕信息化主线深度协作、融合，在完成自身提升变革的同时，不断催生新的业态，并使一些传统业态走向消亡。

三是在信息化理念和政务大数据的支撑下，政府的综合管理服务能力和政务服务的便捷性持续提升，公众积极参与社会治理，形成共策共商共治的良好生态。

四是信息技术体系将完成蜕变升华式的重构，释放出远超当前的技术能力，从而使蕴含在大数据中的巨大价值得以充分释放，带来数字经济的爆发式增长。

未来，我觉得需要抓好如下几个方面的工作。

一是大力发展行业大数据应用，特别是制造业。制造业是国民经济不可或缺的一环，也是一个国家竞争力背后的强大力量支撑。我国制造业位居世界第一，却大而不强。企业创新能力不足，高端和高价值产品欠缺，在国际产业分工中处于中低端，大力推动制造业大数据应用的发展，对产业升级转型至关重要。

二是加快构建系统全面的大数据治理体系。在国家层次，重点是要在法律法规层面明确数据的资产地位，奠定数据确权、流通、交易和保护的基础，制定促进数据共享开放的政策法规和标准规范，促进政务数据和行业数据的融合应用，并且出台数据安全与隐私保护的法律法规，保障国家、组织和个人的数据安全。在行业层次，重点是要在国家相关法律法规框架下，充分考虑本行业中企业的共同利益与长效发展，建立规范行业数据管理的组织机构和数据管控制度，制定行业内数据共享与开放的规则和技术规范，促进行业内数据的共享交换和融合应用。在组织层次，重点是要提升企业对数据全生命期的管理能力，促进企业内部和企业间的数据流通，提升数据变现能力，保障企业自身的数据安全及客户的数据安全和隐私信息。

三是以开源为基础构建自主可控的大数据产业生态。

四是积极推动国际合作并筹划布局跨国数据共享机制。

五是未雨绸缪，防范大数据发展可能带来的新风险。比如，一些企业凭借先发展起来的行业优势，不断获取行业数据，但却"有收无放"，呈现出数据垄断的趋势。这种数据垄断不仅不利于行业的健康发展，而且有可能对国家安全带来冲击和影响。又如，大数据分析算法根据各种数据推测用户的偏好并推荐内容，在带来便利的同时，也导致人们只看到自己"希望看到"的信息，从而使人群被割裂为多个相互之间难以沟通、理解的群体，可能引发难以预料的社会问题。⬚

（摘编自：《党委中心组学习》杂志 2020 年第 2 期文章《把握大数据发展现状与趋势更好推动实施国家大数据战略——访中国人民解放军军事科学院副院长、中国科学院院士梅宏》）

特稿

CHINA STONE ▶▶

我国专精特新企业成功之道的核心能力是在上游注重规模放大、在下游注重多元互补，因而获得了双重优势。

——罗一飞

专精特新企业发展正当时

——中国专精特新企业成功特征

中小企业是国民经济和社会发展的主力军。目前，我国中小企业数量超过 4000 万家，占企业总数的 90% 以上，是市场主体中数量最大、最具活力的企业群体。

从制造业来看，自"制造强国战略"实施以来，制造业正由"三低一弱"走向"三高一强"，其中，技术创新是发展关键。中小企业作为制造业产业链中的重要参与者，对市场需求反应灵敏，适应需求进行创新的愿望强烈，是创新的主力军和重要源泉，据国家工信部数据显示，占全国企业总数 99% 的中小企业贡献了大约 65% 的发明专利，75% 的企业创新和 80% 以上的新技术新产品开发。

尤其是在构建"国内国际双循环"发展格局中，中小企业在解决各类"卡脖子"的产业环节中的作用进一步凸显。很多企业虽然体量小，但在细分领域技术尖端，在产业链中举足轻重，畅通国民经济循环。扶持专精特新中小企业、提升科技创新能力，是服务"双循环"格局的重要举措。

2019 年 8 月，习近平总书记在中央财经委员会第五次会议上提出"培育一批'专精特新'中小企业"的重要指示精神；

2021 年 1 月，党的十九届五中全会提出"支持创新型中小微企业成长为创新重要发源地"；

author photo

罗一飞
华夏基石管理咨询集团世界一流企业对标研究中心总经理、高级合伙人
中国人民大学 产业经济学硕士、管理学博士

2021 年 2 月，《政府工作报告》和国务院促进中小企业发展工作领导小组工作部署，在"十四五"时期进一步提升中小企业创新能力和专业化水平。

截至 2021 年年底，国家工信部已经培育了三批共 4762 家专精特新"小巨人"企业，带动各地培育省级专精特新中小企业 4 万多家，其中在 A 股的相关企业就有 300 多家。

未来我国在产业链供应链补短板方面将注重对广大中小企业专业化、管理精细化、技术特色化和持久创新能力的培育，不断增强中小企业抵御外部风险挑战的能力，在国际产业链协作分工中把握主动权。可以说，专精特新为我国中小企业成长发展指出了战略方向，中小企业走专精特新发展之路正当时！

一、中国专精特新企业特点：倒"T"形发展战略

通过研究各行业近百家专精特新企业和专精特新上市公司的战略，我们发现其具有以下特点。首先很重要的一点是：专精特新企业一方面不断横向拓宽产品与客户体验的相关多元化应用场景，而另一方面则持续纵向深挖技术与品牌"护城河"。这一横一纵形成"倒'T'形发展战略"。

1. 借鉴"隐形冠军"，看专精特新企业特点

不同于德国"隐形冠军"企业当中的 60% 以上都是 to B 制造类企业，聚焦细分市场的高端领域，中国专精特新企业同质化情况相对较高，竞争优势区分程度尚不明显，所以其"护城河"的打造是目前企业战略转型的重中之重。这不局限于中国专精特新企业，是对中国所有企业几乎都是如此，而且更为迫切，因为中国大多数企业还达不到专精特新企业标准中"在各自行业处于领头羊的有利竞争地位的情况"。

中国专精特新企业大多数是在过去几十年中借助巨大内需市场崛起的，其核心优势也主要是以成本与对本土市场深度把握。此外，中国专精特新企业大多数从产业低端起步，其爆发

式发展的关键战略主要是下游市场导向与模仿西方发达企业的发展模式。

例如,在轨道交通领域,中国中车是全球66%的轨道交通产品的供应商,个别零部件合作商甚至只有中车一个客户,其生产的某种高铁零部件仅靠中车采购就能使该产品在全球市场中占据40%以上份额,因而使其成为"专业化"的企业。对于这类企业,如何巩固既有优势,保持低成本,让自己的产品更具价格优势,同时持续维护好与大客户的关系,是其深挖"护城河"的根本。

此外,中国专精特新企业虽然在专业深耕的基础上做了一定程度的跨界拓展,但和德国"隐形冠军"相比,其应用场景还不够多元广阔。因此,**中国专精特新企业需要考虑在过去专注某一领域取得较大市场份额和一定技术突破之后,积极努力开展相关市场拓展,将业务延伸至周边更多领域,尤其是围绕其核心技术的拳头产品的全新应用场景。**

>
> 专精特新企业成功的关键不在于规模大小,也不在于是否"隐形",而是在于是否"专、精、特、新",同时是否能够不断拓宽产品与客户体验的相关应用场景。

例如德国著名隐形冠军企业克恩-里伯斯(Kern-Liebers),其生产的弹簧产品不仅用于汽车安全带,还用于家电、电工工具、高铁接触网等众多应用场景;舍弗勒(Schaeffler)所生产的轴承广泛应用于汽车、高铁、风电、机床、轮船等众多产业。可以说,德国隐形冠军企业发展历史中拓展某项技术的多元应用场景的例子比比皆是,包括众多原有军工技术在民用领域的广泛应用(如激光唱片、GPS导航等)。

德国"隐形冠军"企业与中国专精特新企业对比在其他方面也有很大不同。德国企业强调"隐形",而中国企业则看重"知名";德国企业偏好不上市,而中国企业则常常希望上市;

德国企业国际化程度明显很高（占据全球市场前3位），而中国企业在国际化方面参差不齐（大概能占据国内市场前3位）；德国企业习惯慢速稳步发展，而中国企业则更喜欢快速成长。

总之，中国专精特新企业与德国"隐形冠军"相比，既有一定的差距，也有自己的发展特点。

2. 紧扣"专业化、精细化、特色化、新颖化"

从市场上较为成功的专精特新企业的战略发展模式可以看出，这些企业确实紧扣了"专业化、精细化、特色化、新颖化"的发展要义。

以舜宇光学为例，这家企业位于浙江宁波余姚，成立之初，舜宇光学只是生产普通光学镜头，如照相机镜头、显微镜镜头、望远镜镜头等传统玻璃镜头。而后，舜宇光学逐渐扩展到特殊光学镜头，如手机镜头、车载镜头、安防镜头、机器人镜头、VR/AR镜头、工业检测镜头、医疗设备镜头等新兴树脂光学镜头领域。它始终聚焦在镜头领域深耕，只是把镜头技术的具体市场应用拓展到了广阔的多元场景。目前，舜宇光学年销售额规模已超460亿元，其中期目标是要成为千亿级企业，因此，舜宇光学应该被看作一家单项冠军企业，因为在中国，单一品类产品销售规模能达到如此之大的并不多。我们将之概括总结为"核心能力专精，多元化应用特新"，即"倒'T'形发展战略"的雏形。

从这个角度来看，专精特新企业成功的关键不在于规模大小，也不在于是否"隐形"，而是在于是否"专、精、特、新"，同时是否能够不断拓宽产品与客户体验的相关应用场景。特别需要指出的是，舜宇光学的总体战略是充当"名主角"的"名配角"，为大型系统集成商提供核心零配件，而不是隐身无名的一般配角。所以，我们的专精特新企业不在乎是否"隐形"，更重要的是有名有实。

再举一个位于"五基"高端领域的专精特新企业的例子，汇川技术。汇川技术是从电梯电机变频器这一产品创新开始起家，进而涉及纺织电机变频器，此后择机进入伺服器的广泛应用领域，包括电动汽车、机器人、电液系统等，实现了业务的突飞猛进。

从表面上看，汇川技术各条业务线彼此相关性不高，但深入分析发现其所有业务其实共享一个底层核心技术，即电机控制系统。因此，我们发现汇川技术虽然始终聚焦在一个细分领域深耕，进而把核心能力——电机控制技术的具体市场应用拓展到了更加广阔的多元场景，充分体现"核心能力专精，多元化应用特新"的特征，完全符合"倒 T 形发展战略"的要求。

3. 兼顾"聚焦"和多元化

我国专精特新企业"倒 T 形发展战略"的核心特点是既注重专业深耕，又兼顾跨界拓展，因此取得深挖"护城河"与广泛应对 VUCA+ 情境多样性两者的有机平衡。前者以对单一领域的技术与市场两大方面的深度了解与开发，构建一种以纵深为维度的核心竞争力。我们称之为"纵向核心竞争力"，可用"高筑墙"作为比喻。后者则以资源能力与组织结构两大方面的敏捷灵活构建另一种横向维度的核心竞争力。我们称之为"横向核心竞争力"，可用"广积粮"作为比喻。因此，"高筑墙"和"广积粮"成为构成"倒 T 形发展战略"的两大要素，二者缺一不可。最后，在 VUCA+ 情境下，在高度与广度两种核心竞争力达到整体、动态的有机平衡才是最佳战略布局。

对于专精特新企业，在细分市场成为领军企业的过程中，"倒 T 形发展战略"具有特殊意义，尤其是在聚焦本业与多元化运营两者平衡融合方面。这些企业的产品来源于核心技术专长就像 T 形纵向（聚焦）的一竖，需要不断挖掘并提升关键核心技术的竞争力和生命力；其产品应用场景拓展就像 T 形横向（多元化）的一横，需要不断扩展和挖掘更加丰富的市场空间和需求。

从底层逻辑角度来看，"专精"主要注重的眼前运营效率与路径依赖应用，而"特新"则更注重未来运营效果与路径突破。

特别需要指出，"倒 T 形发展战略"对于价值链上游的"五基"领域的专精特新企业更为有效：在上游核心技术方面聚焦深耕（"倒 T 形发展战略"的纵向），而在下游的具体应用市场场景方面开拓展开（"倒 T 形发展战略"的横向）。

这就形成了我国专精特新企业成功之道的核心能力——在上游注重规模放大、在下游注重多元互补，因而获得了双重优势。也就是说，采用"倒 T 形发展战略"的专精特新企业往往同时兼有"聚焦"与"多元化"两者互补的双重竞争优势。

二、专精特新经营之道：聚焦专注于核心能力打造

无论大企业小企业，成功的企业都是因为具备的核心能力，那么中国成功的专精特新企业是如何聚焦专注于核心能力打造的？我们结合案例做了一些归纳。

> "
> 突出体现"倒 T 形发展战略"的中国专精特新企业代表了中国企业未来发展的希望。
> "

1. 以服务带动市场，精细化管理和一站式服务

1998 年，在"中国耐火材料之乡"——浙江长兴，诞生了一家耐火材料企业，它凭借敏锐的市场洞察力，审时度势，前瞻布局，创新求变，通过二十余年的摸索和发展，从当地上百家耐火材料企业中脱颖而出，成为第一家在北交所上市的浙江耐火材料企业，其主导产品已在中国建材、海螺水泥、华润水泥、红狮水泥、天瑞集团等国内 50 多家大中型企业的 800 多条水泥生产线中广泛应用，它就是浙江锦诚新材料股份有限公司（以下简称"锦诚新材"）。

为了勇立潮头，引领未来，公司每年都将当年利润的 10% 以上投入研发当中。巨额的研发投入，一是提升企业自身的装备；二是针对不同窑炉的工艺变化，不断优化材料配置，进行产品升级换代。此外，锦诚新材将 5G 等信息技术融入生产管

理中，大量智能化操作系统代替了 70% 的人工，有效地提升了产能，并对产品质量进行了严格的在线监控。在 2017 年，锦诚新材创新性提出耐火材料"一站式服务"，形成了基础研究、工程设计、产品研发、智能化生产和专业化工程服务为一体的完整体系。除了提供自身生产的耐火材料之外，给用户提供相关耐火材料的选用，窑内各种材料的最优化配置等服务，通过整合行业资源为水泥企业提供一站式服务，最大限度满足用户全方位需求。

2. 按照全产业链，集中推进高端产品研发和产业化模式

江苏恒神股份有限公司（以下简称"恒神股份"）是一家集碳纤维和复合材料设计、研发、生产、销售、技术应用服务为一体的专精特新企业。它沿袭了世界一流碳纤维企业的发展模式，是国内行业中唯一拥有从原丝、碳纤维、上浆剂、织物、树脂、预浸料到复合材料制品的全产业链企业。

由于碳纤维属于新兴领域，产业配套相对不成熟，它始终坚持"三全"定位（全高端化定位、全产业化模式、全系列化产品），打造"碳纤维—织物—预浸料—树脂—设计应用服务"的全产业链。在这过程中，恒神股份多次面临资金和技术攻关压力，为打破国外垄断，它坚定信念，一一克服，公司累计投入数亿元开展产品研发和产业化探索，最终在碳纤维产业中占据重要地位。

3. 对标世界先进技术，高起点研发创新模式

上海和伍复合材料有限公司是一家专业从事石墨烯、石墨烯增强金属基复合材料等新材料研发的科技型企业，建有国内领先水平的焊接材料研发中心、石墨烯研发中心、石墨烯增强电接触材料研发中心等。

经过近几年的研发投入，它成功开发出了单层石墨烯、纳米银离子石墨烯、石墨烯增强银基电接触功能复合材料等具有自主知识产权的系列产品。该公司还联手上海交通大学，研发出了一种新型石墨烯改性触点材料，在全球电接触行业首次制

备出高导电性、高延伸性、长寿命的银／碳系列柳钉产品，并建立了年产量 50 吨石墨烯增强银基电接触材料的示范线，填补了国内国际的空白。

4. 以高质量产品赢得用户信任

江苏恒立油缸公司（以下简称"恒立公司"）确立了"以非主流产品切入市场，以高质量赢得用户信赖，逐步向高端主流产品拓展"的发展策略，准确切入目标市场。

该公司首先选择的突破点是为非主导产品 6 吨级小挖掘机配套的 280 千克压力多路阀，经市场认可后，又突破 350 千克压力多路阀的关键技术，从而打开了通向业内公认的 20 吨级中型挖掘机升级的大门，实现了为三一重工、徐工、柳工等龙头企业供货，并成功进入卡特彼勒、日本建机、神钢建机等欧美日系企业的全球供应链体系。2017 年恒立公司的挖掘机配套产品销售额增长 4 倍。形势十分喜人。

恒立公司坚持 25 年如一日，深耕液压领域，跨越铸造工艺、研发设计、测试分析、品控管理四大门槛。现在，恒立公司又将此经验引向柱塞泵、控制阀等核心液压零部件的研制。历经多年探索，恒立公司解决了最为重要的高精密铸件质量问题，其产品性能达到并部分超过国际主流水平。恒立公司还高度重视试验检测，花巨资设计性能试验检测设备，以保障液压产品的质量和可靠性。

5. 零部件与整车（整机）企业联合创新模式

上海万泰汽车零部件有限公司（以下简称"万泰公司"）是专业从事汽车关键零部件研发生产的企业，其主要产品有汽车发动机下缸体、油底壳、转向器管柱支架、凸轮轴轴承盖、汽车空调汽缸体、汽缸盖等系列产品。

万泰公司在成立之初就敏锐地发现，作为为整车厂配套的汽车零部件生产企业，只有了解汽车行业的技术发展趋势，了解整车厂的需求，不断开发创新新产品，才能跟上汽车产业快速发展的步伐。万泰公司通过与上汽通用公司协同研发汽车发动机关键零部件，不断提升公司的工艺技术水平，采用精密压铸、真空压铸等先进技术工艺，为整车厂提供铝合金零部件，逐步形成与整车同步开发的能力。

为助力节能与新能源汽车产业的发展，万泰公司通过自主创新，形成了节能与新能源汽车零部件的自主核心技术。通过与整车厂协同创新，万泰公司缩小了我国自主品牌汽车零部件产品与外资企业产品在一致性和可靠性方面的差距，提高了自身的研发创新能力。

6. 把简单产品做到极致的"深耕"模式

宁波慈溪市公牛集团二十多年来深耕电器插座行业，一心一意钻研产品和市场。2015年，公牛集团销售总额达56亿元，在一个产品技术不高、行业体量不大的市场，它缔造了市场占有率全球第一的"公牛神话"。2021年，集团销售总额达124亿元，相比2015年又翻了一番。

20世纪90年代初，慈溪市做插座的作坊多如牛毛，但低劣产品充斥市场，用户口碑很差。1995年，从公牛电器创办伊始，公司就把"做不坏的插座"作为口号。成立了课题组，专门研究产品的安全性和可靠性。随后，公司又陆续建立了产品设计中心、电子设计中心和工程工艺中心。

从2000年起，公牛集团开始关注国外市场。其出口策略是与欧美巨头飞利浦、罗朗格和贝尔金合作，学习对方的先进技术和管理模式。在2001年的全国插座品牌监测活动中，公牛插座以超过20%的市场占有率夺取了全国冠军。

2003年，公牛集团斥资1000万元建成国际上最具权威性的安全实验与鉴定机构——经美国UL认证的高标准实验室，可以做防雷测试、升温测试等。在合作学习的过程中，公牛集团的自主创新能力不断加强。随着新产品的不断推出，公牛品牌逐渐走向全球市场，销往美、德、法、日、韩等30多个国家和地区。

大到插头、电线、外壳和开关，小到内部铜片甚至螺丝，每个插座都要经过 27 道安全性设计和检测。公牛插座坚持走高质量、高价格的路线，虽然价格较其他同类产品贵了一倍多，但使用安全，质量有保证，逐渐在消费者中树立了口碑，销量突飞猛涨。

慈溪市是全国有名的电器制造基地，机会和诱惑很多，经常有人让公牛集团做各种投资。但董事长阮立平认为，"我们的力量只够做好一件事。我们只做一件事，但在这件事上要做强。"至于其他行业，他认为，"做不成领先者，还不如不做"。公牛插座经过二十多年的"修炼"，把小生意做出了大局面。经过不断地推陈出新，公牛集团成了名副其实的行业领导者，独具一格的专精特新企业。

三、专精特新管理之道：高效团队与复合型人才

一般来说，企业发展有三个驱动因素：市场驱动、领导力驱动、创新驱动，专精特新企业也不例外。但相比较而言，他们在锻造团队和培养人才方面更具特点。在大企业苦恼于组织建设时，我们发现专精特新企业在组织的凝聚力、战斗力方面却非常出色。

1. 实力强劲、互为补充的高效团队建设

(1) 选择自治而非微观管理

传统意义上的商业智慧和实践，都比较提倡微观管理这个概念。具体来说，就是对员工进行不同层级的分类，接着让那些层级较高的员工对那些层级较低的员工，进行日常事务和工作习惯的监视管理。

按理说，这种微观管理方式的确是能够提高工作效率、防止产出损失，并且完善任务各种分工和工作问责。

但通过研究那些成功的专精特新企业发现，他们几乎都打破常规，按照一整套完全不同的机制来进行管理和运营。与严格控制和密切监管相比，自主选择和自治管理给员工带来更多

积极影响。比如说提高他们在工作过程中的幸福指数，激发他们的工作热情和动力等，从而保证较高的产出效率。

首先，是工作时间。比如说，他们大多采用了一种叫作Rowe（只问结果的工作环境）的工作模式，为成员提供一种只问结果的工作环境，允许他们灵活安排自己的工作和休息时间。

其次，是工作方式。他们给予成员足够的自由，让他们自己决定在工作过程中应该采用哪些技巧和方法，以最快的速度和最高的效率完成上级所交代的任务。

最后，是工作伙伴和工作内容。人力资源部门会根据岗位和工作需要，组建一支支气氛活跃、效率较高的小型团队。每个团队可以从每个星期的工作时间当中

> 与严格控制和密切监管相比，自主选择和自治管理给员工带来更多积极影响。

拨出 10% 来研究自己感兴趣的项目。这是一种鼓励创新的绝佳方式，更好地帮助这些企业进行模式的创新和产品的创新。

(2) 注重内在激励

内在激励与外在激励相反，能够让员工发自内心地产生工作奋斗的热情和动力，而不是在上级领导的命令威胁下机械的工作。

一是设立有挑战性的工作目标。

二是创设合作与竞争的环境。在上述的创新小组、小型团队中打造帮助他人、友好合作和良性竞争的氛围，促进员工更加努力的工作。

三是全面认可与赞赏。按照关键目标完成情况以团队为整体给予奖励，给员工提供诸多积极正面的反馈，不断激发他们的工作斗志。

2. 基于信任承诺的组织建设

在专精特新企业里，你只要为组织作出贡献，组织就会给你认可和承认，给你相应的回报。这种回报有可能是物质的，

也可能是精神激励，也可能是晋升加薪，也可能是荣誉称号。

从组织建设方面来讲，我们认为专精特新企业的组织建设成功之道很重要的一点是以任务为导向，基于信任的有效授权。**充分信任人才，建立起了整个组织的信任承诺文化。**一个是组织对人才充分信任，敢于给人才充分授权。充分授权本身就是充分信任人才的一种体现。另外，每个人都能做出郑重的承诺：这项工作承担了我就要想尽办法干好。

(1) **有效考核与激励。**合理的薪酬设计充分表现组织对员工价值的认同，满足了员工受尊重的需求。薪酬设计与其技能、岗位以及实际贡献相联系，兼顾内部公平，并与外部劳动力市场价相对接。公平、公正的薪酬福利制度及绩效评估体系在强化员工认知型信任的同时，促使其产生情感型信任，从而采取更为积极的工作态度，打造了高绩效回报组织，使得组织承诺得以兑现。

(2) **充分授权。**组织对员工充分授权，能满足员工高层次的需要，提高参与感。正是这种信任和期望激发了员工对组织的进一步依恋、认同与投入，认知型信任升华到情感型信任，情感型承诺得到强化。

(3) **有效沟通。**人力资源部门通过与员工持续的沟通来了解员工内心的期望及期望的变化，同时，让员工了解组织的现状及远景规划，通过有效沟通来不断维系已经强化的组织承诺。

3. 差异化人才战略

从人力资源体系建设来讲，很多成功的专精特新企业从一开始就认识到事业和人才相辅相成的关系，人才成就事业，事业造就人才。依据人才的成长发展规律，把人才放到工作中、任务中、目标中去培养和磨炼，将人才的成长规律、事业发展的需求和人才职业发展阶段这三个维度很好地统一起来。

差异化的本土人才战略。相比较于大企业，专精特新中小企业在品牌、薪酬支付能力等方面肯定竞争力要弱一些，因此很多专精特新企业避开在一些重点区域、重点院校上跟大企业的直接竞争，会更多依靠本土的高校科研机构，在企业品牌宣传上，着重突出自身专精特新的特点，如小而美、小而专、小而精；文化环境好，工作自由度高，离家近工作稳定等特点来吸引和留住人才。

注重"一专多能"的复合型人才培养。 我们发现，在企业资源和组织规模限定的条件下，专精特新既不是采取"大而全"的培养模式，又有效避免了"组织管理动作大于业务动作"而形成内卷，而是以企业发展阶段、当前业务需求以及企业最核心的能力建设为导向，进行个性化的培养方案制订，通过实战去检验培养效果。针对每一个有潜力的员工，像雕琢美玉一样去精心培养和历练，逐步打造能力过硬、业务过硬和思想过硬的企业核心力量。

很多企业把基层一线作为培养锻炼员工的主阵地，鼓励员工立足基层、立足本职岗位实现自我发展。把基层工作经历作为选拔使用人才的重要参考依据，同时，通过岗位轮换、一专多能、工作扩大化、工作丰富化等渠道，为员工提供更为丰富的发展路径和晋升通道。积极推进机构和部门之间有序交流锻炼，特别是有直接联动关系和专业交叉关系的部门岗位间的轮岗锻炼，加快培养储备多样化骨干人才，并促进相互间的理解和联动协作。

同时，加强技能培训，根据员工自身能力和职业规划分配至其他岗位进行轮岗锻炼，进行多面培养。进而结合其专业特点、个人潜质和业务需求、个人意愿合理确定工作岗位，使人才与岗位匹配，尽可能避免个人特质与岗位特点脱节。健全跟踪评价和沟通制度以及有效的反馈机制。结合评价情况，分层次、有针对性地定期通过绩效反馈等方式，向员工反馈绩效评价情况及改进建议。🔲

企业无论大小，都有自己的道

——专精特新企业大帝汉克的"味之道"

尚艳玲

《华夏基石管理评论》执行总编
企业文化案例研究及著作咨询顾问

成都大帝汉克生物科技有限公司（DDC）成立于1992年，因在国内率先自主研发出动物采食调控实用型产品——"大帝香"饲料调味剂而创立企业，并且专注聚焦于动物采食调控这一细分领域，30年努力不辍，成为行业先行者与代表性企业。2020年，获评为四川省"专精特新"企业。

在中国经济转型发展的关键时期，国家对中小企业，尤其是在细分领域具有国际化竞争力的"专精特新"企业的发展高度重视，工信部于2016年专门针对制造业推出了"小巨人"与"专精特新"企业评选与扶持政策。

在国家这一政策信号下，大帝汉克更加坚定了发展信心。在企业成立30周年之际，大帝汉克总经理李小兵女士联系华夏基石，拟体系化梳理企业30年发展经验，问道企业未来持续发展的方向。大帝汉克的规模并不算大，年产值约3.5亿元，但老板能有这样深刻的认知、持续的思考，舍得在这种短期内可能不会直接帮助业绩提升的文化咨询项目上投入，这让我们有些意外，也很感佩服。

在我们的印象里，中国农牧饲料行业虽然不乏明星企业，但长期以来，由于竞争门槛相对较低，产品技术含量整体不高，行业分散、集中度低，行业内的中小企业存活寿命普遍只有三五年，但大帝汉克却发展了30年，而且实现了连续的稳健增长，这是为什么？

彭剑锋教授讲过，能跨越经济周期，在不确定环境中存活下来的企业都是以长期价值主义信念坚持做"三好"企业，即有自己的核心技术，专注于做好产品、服务好客户，舍得在技术、人才、品牌等无形资产上投入的"三好"企业（好人、好产品、好企业）。在深入的了解访谈后，我们认为大帝汉克就是这样的一家"三好"企业。

在农牧饲料行业近20年的行业整顿中，大量没有核心技术能力、产品以次充好的企业被淘汰出去，大帝汉克却因为在饲料调味剂这一细小狭窄领域专注聚焦、认真坚持，持续创新，成为这一领域的头部企业。从生产调味剂产品到生物技术功能性产品，成为国际化的动物采食调控专家，为客户提供动物采食调控专业解决方案，大帝汉克逐步构建了自己的核心技术壁垒，为其从"专精特新"迈向"单项冠军"和世界级隐形冠军的追求与探索奠定了良好的基础。大帝汉克的发展经验着实值得广大中小民营企业借鉴。

大帝汉克到底走了一条怎样的成长道路，有哪些成功经验？我们紧密依据大帝汉克的实践，借鉴"隐形冠军"的理论，结合中国成功企业的经验，立足于大帝汉克未来如何实现持续成功的命题，用梳理、解析、提炼的方法，提出了八个大帝汉克的"专精特新"成功之道。

一是长期价值主义与聚焦战略。在中国农牧饲料行业高速发展、阶段调整的背景下，大帝汉克能保持稳定持续增长，与企业主奉行的长期价值主义分不开：在饲料调味剂这样一个"狭窄细小"的领域认真做、坚持做，保持足够的战略定力与意志力，孜孜以求、专心致志，培育出自己的专精特长，蹚出了一条自己的成功道路。

值得一提的是，大帝汉克是夫妻创业，一个人是技术专家，一个人是营销管理高手，二人珠联璧合，举案齐眉，实现了事业成功与家庭幸福的双赢，实属难得。多年来，实际经营管理企业的李小兵充分发挥自己的经营才能与女性领导者的柔性领导优势，将企业经营得有声有色，管理得井井有条，颇具特色。

二是技术开创与产品主义。大帝汉克的董事长喻麟是国内饲料调味剂的先行者、领头人，又在国内率先将生物技术应用到饲料调味剂领域，获得多项国家专利，参与多项国家行业标准制定，"小企业"走出"大专家"，"小企业"制定"大标准"，企业建立了一支门类齐全、人才素养素质极高的创新研发团队，这是大帝汉克问道隐形冠军的重要潜质。同时，奉行产品主义，具有较高的产品差异化、品质、成本竞争优势，基于专业能力为客户提供系统集成化的解决方案，这与很多隐形冠军企业的思路是一致的。

三是营销创新及品牌建设。大帝汉克虽然是伴随着大客户的发展而成长起来的，但在他们的理念里，企业有大小、客户无大小，高度重视对所有客户的服务深度，提出"因客户而存在"的理念，与中国各个饲料业企业建立了深度、紧密的合作关系，走出一条以技术营销为核心的专业化营销之路。大帝汉克高度重视品牌建设，小举小打、动静也大，大开大合，气势也足，一步步明确品牌定位，多举措打造品牌形象。

四是柔性文化与组织凝聚力。隐形冠军企业普遍有着简单而客户化的高效决策与敏捷流程，既有稳定的战略，决策也很灵活，能快速响应客户需求变化。企业规模小，老板的文化能直接影响到整个企业。大帝汉克的李小兵有着女企业家的特征及优势，如管理细腻、柔性领导及重视人文情感，企业里形成了关注人、重视人、相信人、成就人的文化，管理层平均在职时间较长，员工忠诚度较高，大家庭氛围浓厚，组织内部凝聚力较强。

五是自主培养人才与团队建设。自主培养人才是大帝汉克的一项核心特质，在人才培养上舍得投、敢于投，一家小体量的企业，持续投入 1000 多万元，自主培养了 6 名博士、7 名硕士和国家认可的专业人才，体现出了超越其企业规模的"冠军"气魄。充分利用本地高校的教研人员资源，通过兼职、科研合作等方式，构建了一支专业水平过硬、综合能力优秀而稳定的科研与管理团队。采用本土化人才策略，这也是隐形冠军企业的一个普遍性成功特点。

六是业财融合的精细化管理。专注聚焦的中小企业要有相对完整的产品生产与供应链掌控力，需要精细化管理运作。大帝汉克采用的是业财融合模式，财务人员以服务市场为导向，做业务的支撑者，服务价值创造，融入经营全环节，打造管理闭环，取得了集约化经营的丰硕成果。

七是环境友好绿色发展。对于生产企业来说，安全环保绿色是健康经营、持续发展的基石。大帝汉克这项理念提得早，行动落实得坚决，是企业发展的一条红线，甚至有独立成为一个经营板块的可能。在全社会实现碳达峰碳中和的目标下，也履行了对行业的责任，树立了良好的社会形象。

八是全球化目标、深耕本土资源。隐形冠军企业的标志之一就是全球化，在细分领域里世界领先。大帝汉克早在十几年前就开始布局全球市场，将全球化作为主要目标，现已在 30 多个国家和地区开展业务。同时充分利用本土以及国际上公司业务所在地的智力资源，深入开展产学研合作，并与高校、科研院所、上下游相关企业深度链接，在技术研发、人才选用等方面生根深耕，巩固优势。

当然，面向未来，从专精特新到单项冠军或者世界级隐形冠军，并不是量的积累，而是质的飞跃。在问道隐形冠军的追求下，大帝汉克也面临一系列的问题与挑战。如"专精特新"战略在市场整体规模较小的矛盾上，面对老业务的即将饱和，如何寻找企业新的增长极？是基于核心产品在动物品类上去做横向的应用扩充，还是基于核心能力、延长技术链条，寻找新的赛道？站在30年发展节点上，大帝汉克的战略方向上需要打开视野，进一步厘清一些关键问题。其他还有如企业的传承交接问题，企业"元老"班底的激励与退出问题，产品同质化问题，国际化人才的获得与培养问题，等等。

总之，如大企业一样，大帝汉克也面临着"成长经典三问"，即《华为基本法》撰写过程中的思考逻辑：企业过去成功靠什么？企业要实现继续成功，这些经验还是否管用，有哪些不足？企业未来要实现持续成功，哪些需要继承，哪些需要创新变革？

挑战和问题都是因为追求持续发展而带来的，也只有在持续发展中解决。这也正是大帝汉克经营30年不改的信念：我虽小，也有自己的"道"。

展望未来，我们相信，在李小兵总经理的带领下，认真执着、坚持专注、追求极致的大帝汉克人将坚定文化自信，走专业化发展道路，持续以创新创造未来，依靠大帝汉克人的聪明才智，继续在专业领域深耕，继续为客户、为社会创造更大价值。

我们也一直相信，企业无论大小，都有自己的成长之道。小企业也可以创造大价值，小企业也能走出一条大道。🆔

书　　名：《味有道》
主　　编：李小兵
出 版 社：中国财富出版社
出版时间：2022 年 5 月

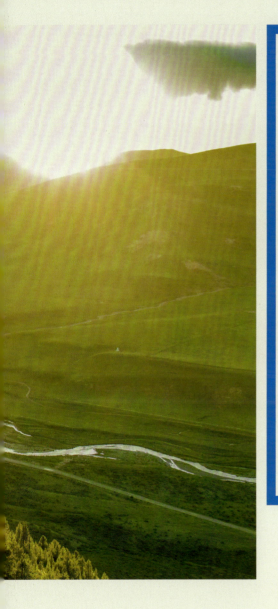

视野

CHINA STONE▶▶

在10年的服务企业实践中，
福田区企服中心创建了一套政府
服务企业的算法和做法。

——冯向阳

政府服务企业的"算法"和"做法"

——福田企服中心创建"SE=2RC"企业服务模型与1236操作系统

处理好政府和市场关系是做好企业服务的逻辑起点和基本准则。政府和市场在本质上是两个体系两个机制，政府按强制推行原则寻求一致性，市场按适配推送原则满足复杂性。我们在服务企业的实践中认识理解了政府与市场在底层逻辑与原则上的一致性，这就是：服务。

市场商业逻辑是服务，政府核心职能也是服务，依据这一底层逻辑，政府的企业服务在实践操作中就有了清晰了的定位。一方面，企业服务是"连接器"，在政府、市场、企业之间，连接起了需求和供给、规则和资源、创新和发展、宏观和微观。另一方面，企业服务是政府、市场、企业三者之间的转换器，或者是转码器，把企业需求转化、转码为政策措施和政策策略，进一步转化为市场活力及社会创新力。

长期以来，政府的企业服务之所以很难有通用、好用的模板规程，主要原因就在于对企业服务本质的认知不清晰，在实践操作中的关键着力点抓不准。

冯向阳

深圳市福田区非公有制经济组织党委书记，2012年负责组建深圳市福田区企业发展服务中心并担任主任十年。立足实践探索创新企业服务模型，倡导"在意"服务文化，建立了"SE = 2RC"企业服务模型和"1236操作系统"。

于是，出现了诸如 "服务企业要么给资源要么给特权" "企业只要守法经营依法纳税不需要政府服务" "给钱拿项目才是市场经济" 等各种错误的理解，或者是 "滴管式服务" "保姆式服务" "店小二式服务" 等落于表面的服务形式。

政府的企业服务职能机构，如何真正成为政府、市场、企业三者之间有效的连接器、转码器和助推器？

深圳市福田区企业发展服务中心，从 2012 年机构创设时，就在思考这个命题。企服中心先从改变服务态度的 "微笑服务" 和优化服务产品的 "精准服务" 着手，发展为与企业发展同频共振的 "融入服务" 和引导企业参与的 "互动服务"，逐步探索企业服务的由表及里，发掘政府企业服务职能的使命责任与重要价值。

得深圳改革开放先行示范风气之先，在福田区委区政府的充分授权及有效赋权下，福田区企业服务中心经 2012—2022 年的十年探索，初步实现了政府企业服务机构的 "三个转"：从为计划经济行政审批服务到为市场经济企业经营服务的 "转轨"，从履行管理职权为主到以落实服务职能为主的 "转型"，从政府服务的 "供需" 语境到 "互动共塑" 话风的 "转码"，企业服务已然成为区域营商环境的超级符号和高质量发展的关键抓手。

实践背后是认识的深化，以及对原理的探寻。在 10 年的服务企业实践中，福田区企服中心创建了一套政府服务企业的算法。包括 "SE = 2RC"，即服务效能 =（权利＋责任）× 在意的企业服务模型，"一核（核心平台）两侧（供给侧、需求侧）三端（响应端、支持端、目标端）六力（响应力、平台力、资源力、机制力、方案力、专员力）" 的 1236 操作系统，系统提升服务能级，形成新时代企业服务解决方案（见图 1）。以下是福田企服中心的服务算法与操作做法介绍。

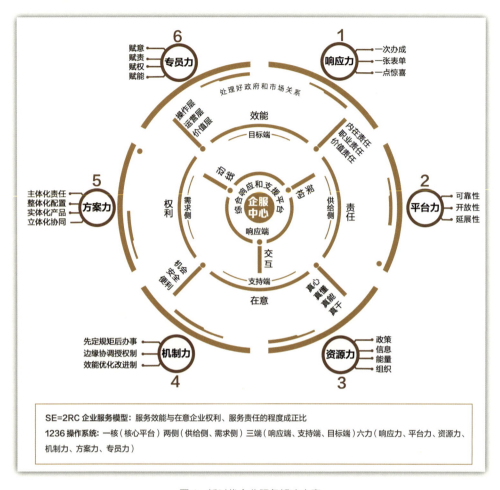

图 1　新时代企业服务解决方案

一、建平台：以企服中心为核心平台，探索专业可靠的"融入式服务"

福田企服中心在 2012 年成立，同时是全区企业服务领导小组办公室，2019 年加挂区非公党委牌子，成为全区企业服务的核心枢纽。企服中心得到充分授权、有效赋权，连接起企业、政府和服务链的响应端、支持端、目标端，作为综合响应和支援平台，支撑着企业服务架构、交互和动能的重构，驱动着需求、资源、产品、方案切换流转形成的企业服务系统高效能运营。

1. 以做加法的形式做减法再造企业服务系统架构

企业服务是一项复杂性工程，涉及的因素太多、信息太乱、流程太杂，因此，福田就以改变架构、再造系统作为服务创新的首要任务。

一是简化流程优化服务链。增设企服中心，将全区涉企部门的服务流程"公约数"和渠道端口充分整合，简流程、减环节、减填报材料，深度优化服务链，形成绿色通道服务的网络。

二是机制规范跨部门协同。企服中心贴着企业、连着资源，牵头拟定政府服务企业规则、负责日常服务运营实施，保障党委政府—区直部门—街道三个层级和监管部门、产业部门、相关部门、企服中心四个端口企业服务职能的落实，规范跨部门动态协同机制，从根本上破除信息不对称、资源分散、职能交叉的障碍。

2. 以敏捷响应的流程动线承载高情绪价值的交互

科学的企业服务动线将空间有序组合和时间线性展开相统一，确立流程边界，赋予每个节点意义，塑造最佳服务体验。

一是以极简极效标准设计企业服务流程动线。运用互联网数字化技术，设计供给侧方向"需求发现—定向研发—融合提供—开放评价"和需求侧方向"企业需求—窗口或线上受理—办理—反馈—评价及改进"的通用服务动线，同时为办理具体事项的实际操作，预留人性化规范化相结合的灵活调整空间。

二是服务链加载信息和情感，贯通政企互动的黄金渠道。建立企业服务响应者制度，企服中心全体人员和各产业部门服务代表都作为响应者，携带信息和情感加载到服务链上，促成解决问题和政企互动的耦合，确保政府服务"解决问题助力企业发展，联系群众巩固执政根基"两重使命的落地，提升企业服务的政治价值和情绪价值。

3. 以分布式矩阵化组合加杠杆增强企业服务动能

构筑政府"元服务"、商协会"链服务"、专业机构和平台企业"点服务"共同组建的"分布式"服务矩阵。

一是非公党组织作示范引领。实施"党建引领服务·个十百千万工程",融合企业党建和企业发展目标,大力度发展优秀企业家入党,带领工青妇组织发动员工为企业发展建功立业,党组织成为党和政府政策的解读者、企业利益的维护者、攻坚克难的担当者、企业文化的营造者和先锋团队建设的践行者。

二是发挥商协会服务感应器、功放器、助推器作用。出台商协会支持政策,开展"活力评估",辖区 380 多家商协会通过组织展会、论坛、产学研对接和院士讲坛、创新路演、实战营以及协助行业龙头企业建立"灯塔工厂"和产业创新孵化平台等高能活动,强化在行业治理、专业服务、政企互动和宜商生态塑造方面的重要作用。

三是链接专业服务资源。建立"点线世界"专业服务交易中心,引进 100 多个知名机构,提供法律、会计、知识产权等全方位专业服务。设立"香蜜湖产融创新与上市加速器",归集 1000 多家拟上市梯队企业,组建"基石服务联盟",打造贯通创新链、孵化链、产业链、投资链的科技创新成果转化一站式服务平台,建设专业服务高地。

二、建模型:发挥企业权利、服务责任和用心程度的乘数效应,推动理性适配的"生态型服务"

企业服务具有鲜明的政治属性、情感属性、生态属性。福田企服中心以"平台化 + 行家型 + 分布式"的架构,建立"以效能为目标、以企业权利为核心、以内在责任为动力、以在意程度为关键变量的 SE(Service Efficiency 服务效能)= 2R(Rights 权利 + Responsibility 责任)×C(Care 在意)的模型",围绕生态型服务理念,打开企业服务新境界。

1. 企业服务的核心:权利

福田企服中心分析每年走访 5000 家企业、接听 1 万多个咨询电话、办理 2000 多个问题的情况发现,**企业的问题需求主要**

集中在：融资难融资贵、招人难用人贵、租房难房租贵、政府项目参与难、疫情影响大。究其实质是："权"和"利"。具体可以归结为：机会、安全、便利。

一是机会。企业核心利益是发展的机会，为企业提供发展机会是企业服务的关键任务。福田编制中长期产业规划，发布年度产业发展计划，搭平台、保供应链、强产业链，形成优势资源集聚。制订初创企业的社保、税务、政策申报、资质认证等办理指引。引导产业上下游交流合作，营造中小微企业蓬勃发展的产业生态。在规则空间和试错宽容度上，支持新技术新产品研发，实事求是保护前沿创新。

二是安全。呵护企业家的安全感，做好重点企业重点区域的安全防护，开辟企业家紧急情况专属联系渠道，保护企业家人身、财产、产权安全。服务规则明晰，率先建立企业服务标准管理体系和民生七有标准体系，建立诚信黑名单制度和诚信修复机制，鼓励企业设立合规官、建立合规体系。推行诚信申报，办事不用找人，不拖欠工程款。设定企业家心理安全距离，不过度服务，不以服务的名义频繁调研企业或轮番请企业交流。

三是便利。建立分类分级服务机制和企业服务智能平台，惠企政策措施和教育医疗等公共资源实现产品化清单化阳光化，精准匹配推送服务方案、信息和产品，支持资金实现秒批秒付。

2.企业服务的动力：责任

企业服务需要不断地解决"麻烦"。怎么激励团队"耐烦"、怎么协调相关部门共对"麻烦"？不能全靠情怀、纪律、机制，关键要靠"责任"。只有责任能引燃激情、驱动创新、造就完美的服务体验。

一是政治责任。企业服务是中国特色社会主义制度优越性的重要标志和促进社会生产力发展的重要保证，恪守服务本义服务好每一家企业、满足每一个正当需求，创新企业服务模式推进国家治理体系和治理能力现代化，是政府机关和公职人员的政治责任。

二是职业责任。企服中心代表政府处在服务链的交付终端，承担着维护公平正义市场秩序、服务企业家、服务劳动者的信托责任，并对整体服务效果负责，有义务协调和跟踪办理企业的任何需求。

三是内在责任。深圳建设中国特色社会主义先行示范区，福田在市场经济前沿，创建企业服务新范式是福田当仁不让的责任和不可错失的机会。企业服务过程还是了解新业态新模式机会，比如，协调葵花公寓酒店因行业定位模糊而被查处的问题，促成了公寓酒店行业定位的确认。解决企业难题，在成全他人的同时成就自己，每一位响应者都可以在服务行为中体悟意义、实现价值。

> 企业服务就是带着感情为企业办实事，政府做企业服务最大顾虑不是差评、批评或反对，而是企业的不理会、不参与、不领情。

3. 企业服务的灵魂：在意

企业服务就是带着感情为企业办实事，政府做企业服务最大顾虑不是差评、批评或反对，而是企业的不理会、不参与、不领情。正如"100% 信息传递 =7% 语言 +38% 语音语调 +55% 表情姿态"揭示的道理一样，情绪表情、在意程度决定企业服务的效果。

一是真心：把企业放在心上。理解、尊重、敬畏、用心守望企业的在意文化，集中反映了企服中心用心用情用力服务企业的激情、信念和善意；"福田企业，不分大小，我们在意！企业发展，不管喜忧，我们在意！发展进程，不论快慢，我们在意！"的宣言，赢得了 40 万家企业的信任和真情，巨鼎医疗董事长姜乙选择福田可以不要任何扶持政策，理由仅仅是"福田有平台辐射价值，企业在这里有尊严。"

二是真懂：按市场准则思考。每年安排走访5000家企业，收集需求信息特别是负面信息、各种吐槽，感知事实、情绪和预期，养成市场思维、服务思维，用服务眼光看企业，识别企业那些的被具体问题包裹起来的真实需求、深层需求，引导企业主动寻求服务，共同塑造服务生态，让服务效能最大化。

三是真能：三端运营高效。常态化定期组织响应者到企业开展现场培训、请产业部门骨干上门授课、请机构专家座谈，年度述职在线上直播，培养政治能力、协调能力、表达能力，提高服务技能、养成服务自觉，造就出充满热情、专业敬业、执行力强的队伍，实现服务在响应端、支持端、目标端的高效联动。

四是真干：两侧动态对称。基于实践感知企业核心痛点和合理期望，厘清企业应享权利和政府应尽责任，在需求侧和供给侧分别梳理出五个关键要素：理解、安全、业务、资源、便利和信任、规范、生态、政策、实事。秉持生态平衡供需适配理念，协调五组对称关系。

——理解·信任。理解是一种情绪表达，唯有理解才有关注，唯有关注才有帮助，唯有帮助才有服务，企业需要政府尤其是具体工作人员理解市场、理解产业、理解企业经营逻辑。尊重企业、维护企业尊严，保障企业参与产业战略和社会事务，有效促进政企互信。

——安全·规范。企业对安全和规则稳定极为敏感，只有在公正安全环境下才参与互动、寻求服务。规范服务标准、大小企业一视同仁，做到刚性执法和柔性执法相结合，注重执法场景的地域文化差别，对经济纠纷和知识产权案件，做到公正司法、快办快结。

——业务·生态。业务是企业的命根子，通过搭建平台对接产业上下游资源、信息，提供走出去渠道，引导监管商协会、专业机构共建产业生态。

——资源·政策。资源是企业服务的核心，系统化、清单化、规范化运营政府资源，建立阳光、透明、可预期、可简易获取的机制，确保政策诚信兑现。

——**便利·实事**。便利是服务的最低要求，满怀感情解决企业实际问题，做到知行合一、言行如一、始终如一，帮忙不帮闲不添乱。

4. 企业服务的目标：效能

福田面积 78.66 平方公里却有 40 万家企业，其中包括世界500 强总部 4 家、中国 500 强总部 9 家。福田有为什么那么强大的吸引力？平安集团董事长马明哲经常讲："没有深圳就没有平安，离开平安就不是深圳。"Q 房网总裁花蕴认为："因为福田懂企业！福田的服务总能恰到好处。"企业家的感知映射了友好、高效、互动的服务目标，彰显了良性企业服务生态的政治价值、功能价值、情绪价值。

一是操作层目标：便捷、直接、简洁。在服务窗口、流动端口、企业走访、电话接听、线上互动面对企业，任何时候都做到瞬间以正确姿态明确地给出准确结论，一站式一次办好办完整，对非政府服务范围事项提出解决建议。服务满意度长期保持 95% 以上，前沿营商环境指数测评一直是最优级。

二是运营层目标：共识、预案、专业。牵头制定企业服务标准，整合服务链，集成信息、统筹资源。编制需求图谱、服务知识图谱和政策资源清单，兼顾短期效益和长期效益，分类分模块编写服务方案。运用互联网、数字化、元宇宙技术，用好体系图、关联图、目标任务统筹图、表单等工具，提升专业运营能力。

三是价值层目标：方向、需求、体验、机会。企业服务效果评估，主要聚焦于对企业政治方向、产业方向、技术方向和社会责任是否有引导作用，是否契合企业的真实需求、共性问题，是否能给企业带来高级体验、增强他们对党委政府和福田的信任度忠诚度，能否增加企业的利益、给企业以新机会。

战略顶层目标：处理好政府和市场的关系，强化党对经济

发展的领导。

三、建系统：依托 1236 操作系统，推进与扎实落实"高效能服务"

福田企服中心坚守系统支持、精确响应准则，扎实做好一核（核心平台）、守好两侧（供给侧、需求侧）、管好三端（响应端、能力端、目标端），统筹响应力、平台力、资源力、机制力、方案力、专员力"六力"，形成 1236 操作系统，创立新时代企业服务原型系统。

1. 响应力

企业寻求政府服务，期待得到及时、正确、准确、明确的响应。响应是企业服务的关键时刻，犹如足球决赛场上取得进球的射门、剧场舞台上圆满成功的首演，瞬间的结果决定了整个事件的价值。

一是一次办成。响应者不管在何种场面面对企业，能够瞬间回应需求、兑现承诺，做到速度快捷、权威易懂、方法得当、礼仪得体，高质量解决问题，触发愉快互动。

> 企服中心作为企业服务需求入口和供给出口的枢纽平台，按照"集成化、数字化、专业化、分布式"的模式不断地强化可靠性、开放性、延展性。

二是一张表单。为企业匹配完整的个性化服务清单，图表化演示最新服务产品信息，确保一次对接、全年无忧。

三是一点惊喜。以行家眼光洞察企业潜在需求，用好边缘信息资源，比如在解决智微智能公司办公空间问题时，发现企业需要上市辅导，现场帮企业对接上市公司加速器，造就了超预期的惊喜。

2. 平台力

企服中心作为企业服务需求入口和供给出口的枢纽平台，按照"集成化、数字化、专业化、分布式"的模式不断地强化可靠性、开放性、延展性。

一是可靠性。对接市场监管、税务、统计、政数部门的基础信息，整理企业走访、行业调研信息，收集社会信息，信息尽可能丰富完备。组织好联审会、专责小组会，确保机制运行顺畅。做好营商宣传、招商引资、日常服务、诉求受理、办理结果反馈等全链条的运营维护。聚合服务大厅、服务专线、服务代表、流动窗口、智能化系统入口等渠道，形成一口申报、一体办理、一网查询的全天候通道。

二是开放性。连接线上线下、前台后台、动态静态、会场现场的各种端口，接入政企互动、信息交流、企业对接、部门沟通、要素融合、创新孵化、产学研合作、对外交往等各种平台，平衡硬服务、软服务、个性服务、专班服务，依照规则运营治理，持续升级共享能力。

三是延展性。应对发展环境变化每年修订产业政策和人才政策，应对决策范围调整将产业资金联审会改为产业发展联席会，应对产业布局调整设立中央创新区、中央活力区、中央商务区专班服务机制，使服务过程成为服务评价、持续改进、升级迭代、激发内生力的进程。

3. 资源力

资源是服务的定盘星、压舱石，发掘资源、整合资源、运营资源始终是企业服务的重点。

一是政策资源：资金、空间、人才。十年来，每年对产业资金、企业住房、创投基金、人才发展、产业空间用地、非公党建、企业家关怀行动，进行系统梳理并适时作出修订；汇编中央、省、市相关政策的摘要；编制涉及教育、医疗卫生、文化体育等公共资源目录，提高资源供给能力。

二是信息资源：产业、行业、企业。运用新技术工具，整理并提供政府业务信息、企业经营信息、市场动态信息等公共信息服务；委托商协会、物业运营公司开展行业调研，了解各行业发展信息；建立重点企业和"四上"数据库，动态管理影响辖区经济运行的企业信息。

三是能量资源：社会、技术、生态。运用各种宣传工具，引导热情、积极的社会情绪，借助新产业头部企业，推广新兴技术。比如游良文化代言福田短视频直播，银之杰代言金融元宇宙技术；举办行业展示体验，比如在华强北办"5G智能新生活全景体验"活动，结果引来大批人工智能企业迁入福田。

四是组织资源：政治、荣誉、党建。每年安排300家企业由市区领导挂点服务，推荐了30多位优秀企业家成为"两代表一委员"；一批企业家获得改革创新先进个人、五一劳动奖章等政治荣誉；非公党委400多个企业党组织真正成为战斗堡垒，凝聚了强大的正能量。

4. 机制力

福田企服中心10年支持了13669家企业的23785个项目，拨付资金111.74亿元，向1334家企业18673人次发放创新人才奖5.44亿元，向3000家企业配售人才住房4172套、配租人才住房10996套，配租产业空间100万平方米，没有查办一个案子处理一个人。归根结底是靠科学机制的诚实运营。

一是先定规矩后办事。在全国率先建立政府服务企业标准管理体系，涵盖管理标准、业务标准、行为标准共三层级66项制度，明确了决策规则，厘清了服务边界，对企业服务从源头到终端、从顶层到末端，实现"全流程""全层级"的规范，解决了要么不懂支持企业、不敢支持企业，要么胡作为、乱作为的问题。

二是边缘协调授权制。串联启用"响应触发—需求识别—决策调度—末端协同—效能评价—责任追溯"全流程的服务链条，编印服务手册、服务图谱，授权响应者自行决定展开跨部门末端协同，提高响应效率。

三是效能优化改进制。制定《企业服务满意度评价标准》，连续六年委托专业机构编制"前沿营商指数"，每年向挂点服务企业和责任领导反馈问题办结情况，分析服务存在问题，展开实验研究并提出优化方案。

5. 方案力

政府的企业服务是单向承诺，切实为不同场景的不同企业准备理性适配的服务预案就是最好的开始。

一是主体化责任。立足于自己做、做到底、能做成的原则，分析评估"两侧三端"的需求、责任、能力、意愿、目标等因素，结合不同发展阶段和发展水平企业的实际，提出有针对性的可行易行最优解决方案。对所谓的"苦活、脏活、累活"不简单地当二传手，而是主动担当，跟踪落实到底。

二是整体化配置。准确把握企业需求，整合各种资源，结合企业最新动态，形成个性化的整体解决方案。近年来，福田顺利高效地引进物美、荣耀、北京转转等350多个重点项目。

三是实体化产品。以简单具体为原则，按照基础性服务、激励性服务、引导性服务分类，结合企业的行业门类、发展阶段，对应支持政策、惠企措施、公共保障资源，设计具体服务产品，汇编成册向企业推送。

四是立体化协同。线上线下、前台后台、动态静态、会场现场常态协同，服务产品和情绪价值协同，渠道和平台规则协同，同时提示风险，确保每一份服务方案的周密严谨完整。

6. 专员力

同步提升响应者能力和意愿，打造坚信社会主义、理解市场经济、热爱企业服务的"专家＋行家＋赢家"团队，升华企业服务精神。

一是赋意。以开门三问："习近平总书记讲什么、企业需求什么、我们能做什么"为工作原则，让每个人能感受到被尊重、被信任、被需要，激发服务光荣感、主人翁精神和利他情怀，坚信在做有意义的事，满怀激情充满干劲。

二是赋责。为每位响应者定制专属岗位，承担别人难以替代的责任；明确每位响应者年度首问接入指标，规范具体交付标准；每人有为知识库研发服务方案的责任，每年组织一次交流分享会；让问题至于自己。每人每年负责对接20家重点企业，对服务结果负全责。

三是赋权。以业绩论英雄，响应者有平等的机会，是当前服务事项的决策者和执行者，有权在多种方案、多种角色、多种情绪中选择。65位工作人员（博士硕士16名、共产党员33名），为自己角色负责，做到尽己尽责，没有人叫苦、没有人吵架、没有人养闲。

四是赋能。激发响应者内在能力，以智能平台为载体动态管理企业需求和服务资源，制定好懂、好记、好用的实务手册，提供解决方案规范模板，响应者都做到"无能"：能讲清企业情况、能配送政策清单、能提供代办服务、能协调解决问题、能提出政策建议。

福田企业服务"SE = 2RC"企业服务模型和1236操作系统，立足于打造企业所期望的"没有遍地黄金，遍地是黄金般的机会"的营商环境，专注于提供企业需要的服务和希望的服务，在帮助、引导、激励企业发展的服务实践中，开始了提升公共服务效能的前沿探索，坚信未来步子必将越迈越大、路子必将越走越宽。 🔲

管理将塑造新文明

■ 作者 | 陈劲 清华大学经济管理学院教授、中国管理科学学会副会长
《清华管理评论》执行主编

为什么我会关注"更有人性的管理"这一命题呢？因为我们现在正面临管理学范式的演化，一方面我们要应对万物互联下的管理变革，另一方面我们要应对人文精神下的管理变革，也就是管理要塑造新文明，文明要孕生新管理。而万物互联与新文明视野相结合之下的管理变革，应该实现一个新的综合。

管理学范式演化

管理是人类历史上最伟大的发明之一。通过管理活动，人类的各项事业得以顺利实现。

管理理论的发展经历过多次的迭代演化。前两代经典的管理体系，分别是由哈罗德·孔茨和斯蒂芬·罗宾斯所创造和编撰的，其主要目的是提升企业（尤其是工业企业）的运营效率和质量，并降低其成本。这两代经典的管理体系都以效率为导向，崇尚资源，强调控制，存在着根本性的不足，即对知识和创新的忽视，以及对员工关爱的不足。

那么，为什么会形成这样的管理理论与范式呢？

这是因为这两代经典管理体系均受到了西方以牛顿－笛卡尔体系为特征的世界观和方法论的影响。牛顿和笛卡尔的理念为人类创造了丰富的物质财富，同时也对管理活动带来了一些深刻的影响，其理念以机械论、还原论和决定论为特征，把世界看作一架已经形成的、完全是由造物主构造的机器。受此影响，所形成的管理学思想也带有机器和控制的色彩。在这一管理范

式下，管理理论更强调个人主义，更强调市场化的运作机制，更重视控制的思想，其主要代表作就是弗雷德里克·温斯洛·泰勒的《科学管理原理》。

旧的范式、牛顿物理学是有着明显的局限性的。与之不同的生物学进化理论的观点是：世界是一个不断进化和变化的系统，这个系统中复杂的结构都是从简单的形式不断进化发展出来的，生物学的进化意味着一种越来越有序和复杂的趋势。20世纪物理学革命带来了互补观、整体观、因果观和动态观，这更加显示了管理思想需要进行新的革命，即借助生物学和新的物理学理念推动管理思想的变革。

所以，我们下一步需要重新审视社会科学乃至自然科学研究所带来的可以影响管理学观念变革、管理学范式变革的一系列的重大变化。从工业时代强调运营、封闭、控制、资源、经济的管理模式，逐步演化成关注创新、开放、赋能、知识、关爱的新型管理模式。

中国的企业面临着一次非常重要的管理范式变革，在这一范式变革的过程中，中国企业从工业化时代转向知识经济时代的同时还面临着数字化的挑战。所以，新一代管理学范式的兴起，要应对物联网、人工智能、区块链等管理的挑战，更要推动人的全面发展，推动人类命运共同体的建设，进而实现世界和平与可持续发展。

万物互联下的管理变革

第四次工业革命和万物互联时代的到来对企业管理提出了全新的要求。在从互联网时代到物联网时代的演化过程中，需要关注指数性组织、网络定律、区块链等一系列新的理念对管理对象、管理主体、管理边界、管理领域、管理模式、管理机制和管理过程的全方位的颠覆和重塑。

2019年，海尔提出了链群合约模式，就是希望能够在人单合一的基础上构建更加面向物联网时代的新型管理模式，就是要形成自组织的新生态、自循环的新范式与自主人的新模式。这一管理模式的探索非常值得借鉴。数字科技变革所实现的新范式中，第一个也是最为重要的一个范式就是链群合约。

区块链这样的新兴技术支撑了物联网下的管理模式，使得成员之间得以实现知识的分享、数据的分享以及合作机制的建立。基于区块链的管理范式，将进一步促进企业管理的有效运行。在这一范式下，创新将从封闭式转向分布式，这一管理变革的实现在过去存在知识共享、知识产权权益方面的挑战，但现在借助区块链技术乃至区块链思维可以应对这一挑战，大大促进这项管理变革的实现。今后，区块链思想对企业组织变革的影响是巨大的。

在区块链的基础上，会形成一种维基式的管理方法。维基经济学是一种来自大众、传播于大众、服务于大众的新型经济学范式。维基经济学从纵深角度颠覆传统封闭式创新的商业规则，为处于Web2.0时代的企业提供了开放、对等、共享和全球运作的蓝海战略。当把区块链和维基的思想结合在一起时，它们将带给企业管理巨大的变化和变革，这当引起中外学者的高度关注。同时，由于区块链和维基管理的出现，网络定理得以高度发挥作用，非线性机制得以激活，这将使得供方与需方可以产生更多的非线性协同效应，这也将促使企业发展从集团管理模式迈向生态管理模式。例如海尔，即运用网络管理模式，从传统的集团管理模式转向生态管理模式，海尔在应用生态财务报表上取得新的突破。

在这个过程中，将进一步形成以节点为网络的网络，即超网络组织。超网络组织将会成为一个新的业态。打造基于用户的网络的网络，形成社群网络、生态网络、产业网络以及创新网络的多网络相互嵌入，形成超网络组织，将得到更多的关注。宝洁公司已经开始演化出超网络组织，海尔也正向超网络组织的方向演化。

超网络可以更好地增强人与人之间的联系。来自哈佛大学的心理学教授斯坦利的六度空间理论可以进一步证明：网络思想、网络思考有利于提升企业的合作效率。在合作过程中，如果我们运用好多主体协同的机制，就会产生一种协同效应，实现内部研发的创新资源和外部开放性的知识体系进的协同融合，从而形成整合式的、协同性的知识网络和创新网络，这将进一步引爆企业发展的非线性效益。为了使网络中的个体实现更好的创造业态，组织还应该创造更好的创新公地，为创业者和个体中小微企业提供创新的平台。未来，也应更多地关注和重视创新公地这一理论。

在合作中，企业作为不完全的契约，其契约的完成有着很大的挑战；**完全的市场化机制存在信息传导不完整的问题，企业也无法完全实现其契约化管理。那么，网络化组织是不是能够更好地促进契约的形成和执行呢？**海尔所提出的链群合约生态圈的理念值得高度重视。链群合约旨在促使企业成为一个充满活力的组织——企业从崇尚秩序稳定走向追求有机发展，关注和谐、合作、共识，以成为有机生命体，从而帮助企业实现指数增长。指数增长的动力源于万物互联，万物互联的物联网时代企业正在发生的深刻变革。

管理与新文明

未来，企业发展中人的全面发展将变得更加重要。虽然信息化日益完备完整，物联网平台日益完善，但是企业根本的资源特征会从传统的物质资源走向无形的或者是有形的知识资源，就像日本管理学家野中郁次郎所预见的，我们需要更多地关注知识创造的过程。

野中郁次郎认为，"西方学者之所以不愿研究知识创新，其重要原因是他们理所当然地把组织看成一个'信息处理'的机器，从泰勒到西蒙，这个观点深深地根植于西方管理的传统体系中。"在物联网时代，推进管理变革的过程中，我们应当避免这种西方管理思想的影响。所以，下一步管理变革的关键是从"经济人"假设迈向"知识人"假设。

德鲁克先生预见了"知识人"的总体趋势，但是并未提出更细微的解决方案。更细微的解决方案应当关注"知识人"的视野，对企业管理的哲学、风格、制度等作出更大的转变。重要的一点是减少"控制"的思想，倡导"支持与关爱"的模式。管理者应该更多地考虑关心、激励员工，创造适合的环境和条件，开发和利用员工的潜质和创造力，使其实现自身的尊严和价值，进而帮助和引导员工实现自我管理。这种管理模式还蕴藏着另一个重要理念——无论成功或失败皆有再挑战和激发勇气的精神，这是新时代企业管理的重心。

回到野中郁次郎先生的最新论断上，我们要从传统的效率为主的管理模式，迈向强调知识创造能力的管理模式。知识创造能力的核心是有组织地调动蕴藏于员工内心深处的个人知识的能力。从本次论坛野中郁次郎先生的演讲中可以看出，他进一步将主观与客观、隐性知识与显性知识、直接经验与逻辑分析结合在一起而构建的新型知识管理思想，从而助力企业超越知识形成智慧，成为一个"拥有智慧的企业"。《拥有智慧的企业》是野中郁次郎先生在 2021 年出版的一本非常重要的管理学著作。

所以，下一步管理变革的重点是：移去组织内部的隔阂，给予员工足够的尊重和自由，赋予鼓励、能力、承诺和支持。管理者要放弃胡萝卜和大棒的激励方式，而将尊重员工、释放员工的创造力、提高员工的生理勇气和道义勇气作为激励的本质内容。企业员工需要的是做人的权利。

最近几年，我非常关注一些社会科学领域的专著，其中一本是《达尔文：爱的理论》，这本书的结论表明：奉献精神、忠诚、服从、勇敢、同情，以及随时随地为他人提供服务的要素是组织进化的动力和源泉。所以，组织管理应该领悟社会达尔文思想，进一步强调了爱与道德对组织管理的重要作用。

在今年全球最具影响力的管理思想家评选中，获得第一名的管理学教授、美国学者艾米·埃德蒙森出版了一本重要的专著——《无畏的组织》。在这本专著里，埃德蒙森教授提出，组织要为员工创造一个有心理安全感的组织，在这个组织中能够让员工分享自己的想法、反馈和建设意见，而不至于遭到嘲笑和惩罚。在这种氛围下，公司会有更好的想法、更好的风险管理、更多的学习机会和更少的灾难性决策。这一理论对指导管理者更好地改善团队和组织文化，以及优化员工的绩效都将起到非常重要的作用。

> 更细微的解决方案应当关注"知识人"的视野，对企业管理的哲学、风格、制度等作出更大的转变。

"WELL BEING"（福祉或幸福），是组织发展的一个非常重要的变量，今天做演讲的彼德·圣吉教授和野中郁次郎先生均如是认为，应引起高度关注。"WELL BEING"将超越财富，超越利润，成为企业发展新的变量。维基百科全书对"WELL BEING"的定义是这样的——幸福，也被称为健康、谨慎的价值或生活质量，指的是相对于某人而言本质上有价值的东西。因此，一个人的幸福最终是对这个人有益的，是符合这个人自身利益的。根据福利主义，除了幸福，没有其他价值观。

2021年去世的美国著名心理学家米哈里·契克森米哈赖也在其《心流》一书中强调了对于员工给予创造心流的机会的重要性，因为在创造心流的机会的过程中，人的能力和企业的目标能够实现高度的协同，员工在这个过程中也会产生极为幸福的感觉。能否产生心流，无论是对于个人发展，还是对于组织建设，都有着非常重要的价值。

下一步，组织与管理发展的过程中，要进一步关注"人"的回归。"人"的回归，是当代人文思潮在科学哲学领域回归的标志之一。

为此，我也非常关注存在分析心理治疗学家弗兰克尔对人的本质的描述。他认为，"人性异于禽兽者的主要动机是追求生活的意义，即探求意义意志。动物寻求的是快乐和征服，而人的本质则是追求人生的意义和价值。作为一个人，最根本的一点就是对自己在生活中的责任要有明确的认识和坚定的信心。"

所以，管理者的任务就是要找到更新的解决方案，特别是为员工找到人生的意义、工作的意义。我们所熟知的美国西南航空公司之所以能够成为极具价值的航空企业，能够成为备受员工尊重的企业，就是因为其管理理念强调："在西南航空，我们宁愿让公司充满爱，而不是敬畏""我们寻求不受传统思想束缚、热爱快乐的人"。日本的茑屋书店除了强调让员工产生快乐感，还强调让顾客产生快乐感，其创始人增田宗昭说："创造让顾客怦然心动的生活方式。"这些创建和发展企业文化的思想是非常值得关注的。

最近，我也非常关注迈克尔·皮尔逊（Michael Pirson）的一本书——《人性化管理》。这本书强调了两个关键指标：一个是保护员工的尊严；另一个是促进员工的幸福。为了实现这两点，他提出了组织发展的四项驱动力，即需求驱动、关系驱动、意义驱动和合作驱动。传统的企业采用的是经济模型，比较关注需求驱动，而忽视了意义驱动、关系驱动和合作驱动。在人性化的管理模型里，需要把四项驱动力结合在一起，即在需求驱动的基础上进一步关注意义驱动、关系驱动和合作驱动，这样的管理思想是值得我们推崇的。

走向新综合

综合以上变化，我们可以总结出先后出现的四代管理模式。

第一代管理，深受牛顿世界观影响，重视理性和规范；第二代进行了很大的改善，强调人的动机和需求的丰富化，以组织行为的优化为特征的管理学变革，在管理变革中起到了很大的作用。第三代管理以知识与创新为核心，这一代管理由德鲁克先生开启，经历初期的探索后，得到野中郁次郎先生和我们团队所做的诸多研究的推进。在新管理学范式的探讨中，我们把幸福和意义作为更重要的组织发展变量，将之作为正在探究的第四代管理的目标，以推进管理的进一步优化。当然，**这个过程中，我们也不能丢弃第一代到第三代管理学范式的精华，走向新的综合是最好的选择。**

那么，如何进一步优化管理呢？最近我们调查了三家中国企业，深受其启发。

第一个是中国中车集团的管理案例。中车为我国的高铁事业创造了惊人的工程科技成就，保障了人民生活中出行解决方案的有效实现。

2021年10月，《财富》杂志发布了"2021年最受赞赏的中国公司榜单"，50家企业上榜，我们吃惊地发现，中国中车集团居于榜首。中车不仅非常重视科技创新与制造体系的完善，在人力资源管理方面也取得了新的突破。我们研究中车的管理经验后发现，中车实现了工程管理和人性化管理的有效结合。中车集团以领导力模型和人才标准体系为基础，深入推进竞争性选拔，持续开展阶梯式培养，稳步实施市场化配置，有效增强了干部队伍的整体活力、发展潜力。中车集团大力弘扬工匠精神和中国高铁工人精神，着力加强知识型、技能型、创新型技能人才队伍和技能领军人才队伍建设，充分发挥技能大师、高铁工匠等的典范引领作用。中车的管理创新取得了颇具特色的成就。

第二个是国能大渡河公司的管理案例。这两年我们不仅研究了国能大渡河公司的数字化建设，也研究了其人性化管理方面的发展。国能大渡河公司是我国长江流域非常重要的一家水电企业，这两年非常重视大数据、物联网的建设，在实现业务量化的基础上，强化物联网建设，深化大数据挖掘，推进管理变革创新，将先进的信息技术、工业技术和管理技术深度融合，实现管理的数字化感知、网络化传输、大数据处理和智能化应用。同时，国能大渡河公司也探索了社会主义管理模式下以劳动群众为核心的管理模式，用先进数字化工具化解风险，关注以人为本的管理，在智慧企业建设中寻求人机共生。这也是颇具特色的管理变革探索，非常值得关注。一方面建立先进的物联网平台，另一方面重视人的创造力和活力，在数字化、网络化和智能化的基础上重视人人互通和知识共享，建设智慧企业。这种寻求管理的系统整合，是一项了不起的探索。

第三个是中国中铁装备的管理案例。中铁装备是一家被喻为"世界工程机械之王"优秀国有企业，其盾构机是世界上最先进的全断面隧道施工特种专业机械，已广泛用于铁路、地铁、公路、市政、水电等隧道工程。中铁装备这两年也非常重视数字化建设，发展工业互联网的平台，通过打通连接层、平台层、应用层，提供端到端的一站式工业互联网产品。但是，令人吃惊的不是其数字化发展，而是其在数字化发展中寻求企业文化的优化与转型。中铁装备追求"三个转变"，即推动中国制造向中国创造转变、中国速度向中国质量转变、中国产品向中国品牌转变。在追求"三个转变"的过程中，关注三个"同心圆"，即以中国梦想为圆心、以员工幸福为半径、以掘进机事业为周长，形成"同力创造、心系质量、圆梦品牌"的"同心圆"文化。这同样是非常具有特色的。

举例来说，中铁装备在盾构机的施工过程中，隧道施工工人可以在盾构机上快乐地工作，他们可以一边喝着咖啡，一边快乐地工作。中铁装备为隧道工人创造了优良的工作环境。中铁装备不仅有盾构机，还有盾构咖啡。盾构咖啡是中铁装备在蒙华号施工过程中为员工提供的一种特色咖啡，这让员工感到有尊严，让员工感到有温度，让员工感到有激情。有记者感叹："我去过世界上许多隧道，只在这里品尝过隧道咖啡。隧道深处咖啡香是中国隧道工程发展的里程碑，我们已经站在了世界前列！"中铁装备不仅在工程技术上走向世界前列，在企业文化建设上也走向世界前列。

从海尔、中车、国能大渡河和中铁装备四个企业案例来看，一方面可以看到中国企业高度重视数字化，创造了以工具理性推动企业发展的新格局，当然在这方面仍然还有很大的空间。另一方面，更令人欣喜的是可以看到海尔集团"链群合约"，中车集团"正心正道、善为善成"，国能大渡河"人人互通，智能协同"，中铁装备"盾构咖啡，安全绿色"的新型企业文化的建立，它们更加关注以价值理性为核心促进企业变革，这样的同步变革是非常有价值的。所以，下一步中国企业在进一步推进面向物联网的管理变革的同时，也需要更加重视通过人文精神提升企业文化，促进新的工业文明、新的商业文明，乃至人类的总体文明。

结束语

最后，我想推荐四本值得关注的管理学书。第一本是泰勒在1911年所著的《科学管理原理》，这本书在当下仍然具有一定的指导意义，值得我们认真学习。第二本是道格拉斯·麦格雷戈的《企业的人性面》，这本书也非常的重要。第三本是野中郁次郎先生在2021年推出的《拥有智慧的企业》，这是德鲁克之后非常有思想的一本管理学专著。第四本是《有意义的管理》，这是我们清华大学团队研究和提炼出来的新的管理学体系，这一专著更具系统观、全面观，希望通过更加符合人性的管理学思想促进中国企业乃至全球企业的管理创新走向新的高度、新的未来！⬚

（注：本文由《清华管理评论》整理自陈劲教授在"第五届《清华管理评论》管理创新高峰论坛暨《清华管理评论》创刊10周年庆典"的演讲，经作者及原刊载方授权转载，限于篇幅，此处有删节）

北京华夏基石企业管理咨询集团

为客户创造价值　与客户共同成长

基于本土企业标杆案例的**原创经典咨询模块**

顶层设计与企业文化建设

　　"顶层设计与企业文化建设"是华夏基石的原创品牌咨询项目，以《华为基本法》为代表，出品了多项原创研究型咨询成果。如《华为基本法》《华侨城宪章》《美的文化纲领》《联想文化研究》等。

顶层设计与企业文化建设解决什么问题？

▶ 解决企业的使命、愿景等团队长期奋斗的终极动力源泉问题

▶ 界定企业的事业领域与成长方式

▶ 帮助企业家及高层领导团队完成面向未来的系统思考，实现自我超越

▶ 帮助企业家及高层领导团队达成文化与战略共识，构建基于文化价值观的领导力

▶ 完成企业战略成功的关键驱动要素与资源配置原则

▶ 完成企业的组织与人才机制设计等

▶ 依此构建企业管理体系大厦及面向未来的发展之道

企业变革与组织能力建设

　　帮助企业打造组织能力，尊重组织理性与群体智慧，帮助企业建机制、建制度、建流程，构建规范化的管理体系，构建高效的运营管理体系。

企业变革与组织能力建设解决方案

▶ **组织能力建设六大要素**

要素一：打造基于共同价值观的团队领导力

要素二：聚合组织资源与优化组织结构

要素三：加快组织能力的积累与迭代

要素四：加强组织协同与一体化运营

要素五：构建组织理性与价值管理

要素六：突破组织滞障，持续激活组织

▶ **企业持续成功的组织能力建设**

组织能力建设的四个核心抓手：人才梯队、管理机制、组织体系、企业文化（从任何一个抓手切入均可构建组织能力）

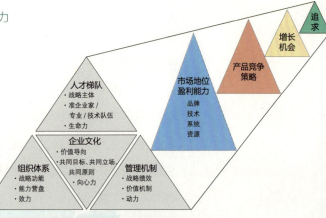

组织能力在整体经营框架中的作用

了解以上咨询业务及**组织能力建设订制化课程**请联系：

010-62557029　　010-82659965转817　　13611264887